很久很久以前，地球终于诞生了。但又过了很长时间，我们的故事才正式拉开帷幕……

讲了100万次的人类故事

王大庆◎编著

北方妇女儿童出版社
·长春·

● 故事从生命的诞生开始讲起。

距今约 38 亿年

地球上出现了生命。
后来，原始生物进化为各种动物、植物。

随着人数不断增加，不同的
祖先逐渐迁徙到世界各地，发展
早期文明。

距今约4000万年

人类的祖先——古猿出现了。

距今约 25万~160万年

世界多地都生活着直立人。他们采集植物、狩猎动物，以此为生。

又经过漫长的时光，人类逐渐学会了制造工具、种植农作物……

快来吧，故事开始了……

录

农业文明开始啦

我们的村落变得越来越大了。

泥土和砖石堆起了城市

在公元前5000年前后，苏美尔人发现了一片肥沃的土地——美索不达米亚平原。他们在这里建起村庄，开始定居。经过数代人的努力，村庄越来越大，最终演变出了早期的城市。

美索不达米亚平原上有两条河，分别是底格里斯河和幼发拉底河。因此，美索不达米亚平原又被称为"两河流域"。

我们通常用削尖的芦苇或树枝在没有晾干的黏土板上写字。

楔形文字

苏美尔人把图形文字简化成符号，由于笔画线条形状都像尖头的楔形，所以称为"楔形文字"。它是已知世界上最古老的文字。

古老神秘的苏美尔人

苏美尔人在这片土地上建立了最早的城邦国家，被称为苏美尔早王朝。这里的文明是世界上最早产生的文明之一。人们不仅发展了相对先进的农耕技术，创造了文字，还建造了塔庙供奉神明，后来，塔庙成了城市的重要组成部分。

当人类发明了文字，并用此来记录生活中的重要事情时，"文明时代"就开始了。

相传，苏美尔人使用泥板当"记事本"，还发明了泥巴做的"文件袋"，用来放置写有信息的泥板。

头领变身统治者

由于生产力的发展，人类从原始社会过渡到了奴隶社会，出现了更明确的等级划分。统治者借神或上天之名获得民众的敬畏，以此巩固自己的地位和统治，人们称此为神权统治。

古埃及的统治者也自称为"太阳神之子"。

中国古代的统治者认为自己"受命于天"。

动作快点儿！别想偷懒。

奴隶成为劳动力

在奴隶社会中，与统治阶级相对立的是地位低下的奴隶。奴隶是重要的劳动力之一，但他们也是统治阶级残酷剥削的对象。

制陶技术

早在约公元前3500年，陶工已经可以用轮子进行机械化制陶。

像这样快速转动轮子，就能做出一只漂亮的罐子。

冶炼技术

美索不达米亚平原一带是最早进入青铜时代的地区之一。

苏美尔人凭借相对先进的灌溉技术养肥了田地，获得了充足的食物。

灌溉技术

谁更强，谁就能称王

生产力的发展让一些人的烦恼由"如何填饱肚子"逐渐变为"如何获取更多财富"。有些统治者选择通过掠夺其他地区变得更加强大，战争频繁爆发。

古巴比伦王国的诞生

战火纷飞中，古老的苏美尔人退出了历史的舞台。一群阿摩利人在苏美尔人曾经统治的地区，建立起多个以城市为中心的国家。两河流域仍是国家林立，战争继续在国家间爆发，直到古巴比伦王国诞生。

这一时期，世界上第一支常备军诞生了。这支军队是阿卡德王国的国王萨尔贡的近卫军。

萨尔贡是位有远见的领袖，他凭借武力和智慧，建立了阿卡德王国，成了两河流域的霸主。

汉穆拉比与黄金时代

大约在公元前 18 世纪，古巴比伦王国迎来了一位伟大的国王，汉穆拉比。他南征北战，打败了周边的国家，结束了战乱，几乎统一了美索不达米亚平原。他开创了古巴比伦王国的黄金时代。

在古巴比伦时期，巴比伦城成为新的政治、经济、文化中心。这时期，科学技术也得到了进一步的发展。古巴比伦人在数学、医学等领域取得了重要成就。

"巴比伦"在阿卡德语中的意思是"神之门"。

据说，在古巴比伦，如果有人生病了，人们会把病人抬到市集上，让所有人出谋划策救治病人。

好难受，快打点儿水来！

古巴比伦的灭亡

汉穆拉比逝世后，古巴比伦王国迅速衰落。国家疆域不断缩小，内乱不断。与此同时，赫梯王国不断扩张，赫梯人长驱直入巴比伦城，古巴比伦王国灭亡。

古巴比伦人开始观测并记录下日食、月食等天文现象的发生时间和地点，探索天象变化规律。

天文台

碑刻上部分的画面描绘了汉穆拉比从太阳神手中接过权杖。

碑刻下部分是用楔形文字雕刻的法典内容。

《汉穆拉比法典》

古巴比伦制定了世界上最早的成文法典——《汉穆拉比法典》。法典被刻在大石头上，法典中最著名的是"以牙还牙，以眼还眼"的规定。

7

尼罗河的赠礼

埃及统一

相传，上埃及国王美尼斯征服了下埃及，建立了统一的国家。

小麦变面包

据说古埃及人用小麦制作了世界上最早的面包。

不管刮风下雨，都要劳动。

古埃及奴隶

在古埃及的一些重体力劳动场所常常会见到奴隶的身影，他们多是战争中的俘虏。

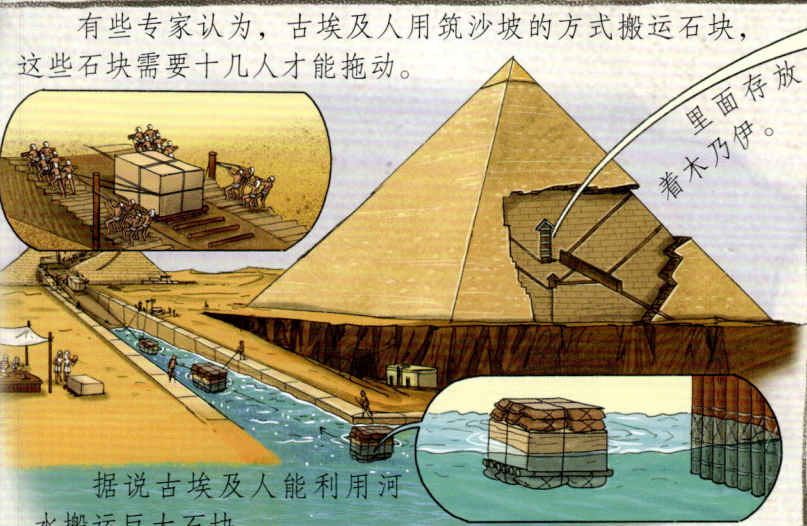

尼罗河畔的古老埃及

美索不达米亚平原向西、人类起源的非洲大陆上，沿着世界最长的河——尼罗河，人们建起了一座座城邦，古老的埃及诞生了。

此时的古埃及尚未统一，分为上埃及和下埃及。到了古王国时期，古埃及才形成了真正统一的双隶制国家，国家逐渐强盛。

一年分三季

据说，古埃及人根据尼罗河水的涨落情况，将一年分成三个季节：泛滥季、播种季和收割季。每一季是四个月。

泛滥季

播种季

收割季

有些专家认为，古埃及人用筑沙坡的方式搬运石块，这些石块需要十几人才能拖动。

里面存放着木乃伊。

据说古埃及人能利用河水搬运巨大石块。

世界奇迹——金字塔

高大宏伟的金字塔是在古王国时期开始修建的。古埃及的金字塔是国王的陵墓，是他们为维持其来世的统治地位而建造的地下世界的"永恒之宫"。

木乃伊是怎么制作的？

古埃及人极重视遗体保存，他们给死者涂上防腐香料，经过特殊处理后，包裹在亚麻布中做成了木乃伊。

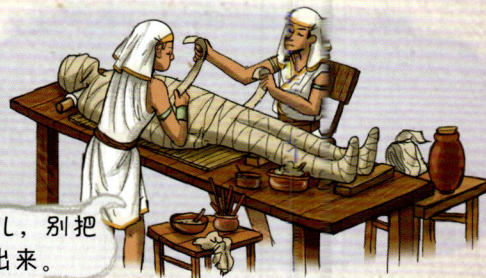

小心点儿，别把香料撒出来。

到后期，木乃伊的制作越发复杂烦琐，通常需要多人历时70多天才能完成。

莎草纸的制作方法 古埃及人能用一种名为纸草的植物造莎草纸。

1
2
3
4
5
6

8

化妆

古埃及人热爱化妆。

进入中王国时代

古埃及内部各种势力之间的矛盾导致了古王国的崩溃。直到在底比斯兴起的第11王朝重新统一了埃及，埃及历史进入中王国时代。

古老的埃及节日

相传在古埃及，人们已经为纪念生命中的重要时刻而设定节日进行庆祝。

闻风节是古埃及最为古老的节日之一，它被设定在四月份，又叫"春节"。人们在闻风节这一天，总要吃鸡蛋、鱼和生菜等。

不吃鸡蛋，眼睛会突出来。

未来世界的小朋友，你们也这样过节吗？

相传节日当天，不少人会前往金字塔朝拜。据说，当阳光落到金字塔尖处时，是太阳神正在塔上俯视大地与臣民。当阳光离开金字塔后，则表示太阳神离开了，活动也就结束了。

富人会设宴款待亲朋好友。在宴会上，富人们尽情享用着侍女捧上的菜肴、美酒和水果。

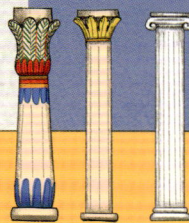

据说，古埃及人认为，宇宙呈蛋形，后来分成两半儿，才有了天和地。于是，鸡蛋被看成是生命的象征和起源。

古埃及人认为河里、湖里出现游鱼，是个好兆头。

相传，古埃及人认为生菜是春天的象征，吃生菜能强身健体。

据说，古埃及人对各种动物也满怀崇拜之情。猫、河马、圣甲虫、狮子等都有特殊的意义。

莲花柱

古埃及人建造的莲花柱据说还影响到古希腊、古罗马等其他西方国家的建筑风格。

新王国时代，埃及由弱变强

到了新王国时代，古埃及逐渐变得强大，开始频繁发动大规模的对外侵略战争。他们通过战争掠夺了大量的财富和奴隶，成为一方霸主。

神庙，法老的纪念碑

新王国时代，统治者停止了金字塔的修建，转而把主要精力放在修神庙和岩窟墓上。

卡纳克神庙是古埃及著名的神庙。神庙的墙壁上刻着埃及法老图特摩斯三世数次军事远征的年代记。

战功赫赫的法老

图特摩斯三世在位期间古埃及国力强盛。他迫使邻国向古埃及纳贡，为古埃及带来了很多的新事物。

第19王朝的法老拉美西斯二世不仅喜好征战，也非常喜欢修建神庙宣扬自己的功绩。

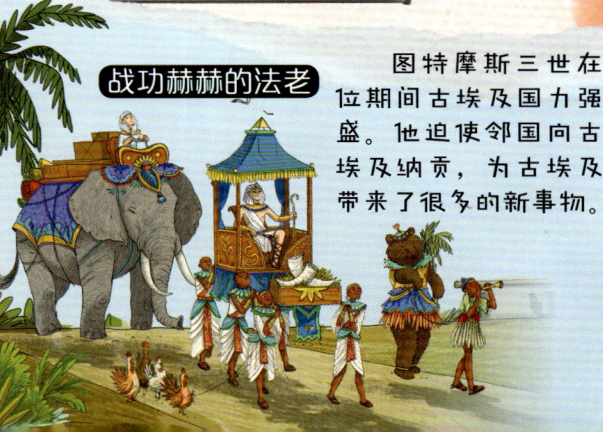

印度文明的开端

在广袤的亚洲大陆上，古印度人在印度河流域定居，萌生了早期的印度河文明。后来，雅利安人入侵了这片土地，早期的文明消亡，新的文明开始，古印度逐渐形成了种姓制度。

古印度佛陀

佛陀在古印度诞生，他本名叫悉达多，是一位出身高贵的王子。不过后人更喜欢尊称他为"释迦牟尼"。

相传，悉达多王子放开了安逸的生活，像其他"苦行僧"一样开始修行，希望能顿悟真理，解救那些深受苦难的人。

据说，在王子苦修的时候，大象和猴子给他送过食物。

王子苦修六年后，在菩提树下顿悟成佛。

严酷的等级制度

在古印度地位最高的是婆罗门，他们包揽宗教事务，担任祭司等神职。

其次是刹帝利，他们是掌握军政大权的贵族。

吠舍是平民，从事农业、畜牧业和商业等。

地位最低的是首陀罗。他们是被压迫和奴役的群体。

雅利安人

戴着铃铛的人

据说在古代印度，如果在城里看到一个戴着铃铛，走路小心翼翼，生怕自己的影子会碰到别人的人，这个人一般是地位极低的人。如果有高等级的人碰到了这个人的影子，他会到恒河水里去沐浴，洗净"罪恶"。

离我远一点儿。

"圣河"洗涤污秽

古印度人视恒河为"圣河"，他们相信恒河水能洗去罪恶、污秽，获得健康的身体。

古印度的文字

古印度人拥有自己的文字。公元前3000年，古印度居民就创造了印章文字。印度河文明毁灭后，公元7年左右发展出梵文。

印章的用法

印章直接压印在黏土上，像盖邮戳一样。

圆筒形印章在长条的黏土上滚动，留下长长的印痕。

这里是中国

灿烂的中华文明

几千年前，在黄河边的土地上，诞生了灿烂的中华文明。这里不仅是丝绸的故乡，也是亚洲最早种植水稻的国家之一。

中国人在3000多年前已建造出了宫殿。这些宫殿有院落、有围墙，看上去十分庄严。

从耕地到餐桌

中国是亚洲栽培水稻的起源地之一。据说，是神农氏带领百姓开垦稻田，并将种植水稻的方法教给百姓，使人们的食物更加多样。

二十四节气是中国古代的独特创造，几千年来成为中国各地农事活动的主要依据。

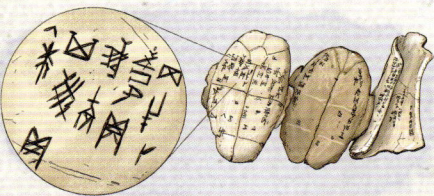

蚕丝制丝绸

中国是最早用桑蚕丝织造丝绸的国家，并将这种技艺广泛传播。

①饲养蚕蛾幼虫。　②抽取"茧丝"。

③缫丝制得丝线。　④织制丝织物。

刻在骨头上的文字

纸还没"诞生"时，中国人已创造出了自己的文字，并记录在青铜器、陶器甚至龟甲兽骨上。甲骨文是中国发现的古代文字中最早、体系较为完整的文字。

礼乐制度与礼器

在中国古代传说中，大禹将天下分为九州，并铸九鼎。到了西周时期，鼎是重要的礼器。

这是表明我身份的重要象征。

龙在中国古代曾是一种图腾，王权是其象征意义之一。

商周时代，人们逐渐认识到玉、玛瑙和水晶的价值，不仅在制作工艺上有所提高，很多玉石制品也被赋予了特别的含义。

玉石制品

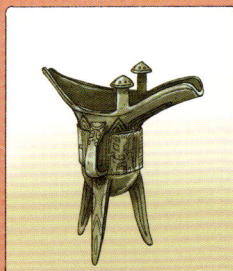

到了商朝，中国已经有了成熟的礼制。人们开始铸造青铜礼器、酒器，并严格规定使用者的身份。

相传大禹曾让人在门口设了钟、鼓、磬（qìng）、铎（duó）、鼗（táo）五种乐器，欢迎民众向他进谏。

11

海边兴起的古希腊

米诺陶

克里特岛上的文明

在爱琴海边生活着一群善于经商的人，他们创造出了属于自己的文明——古希腊文明。而克里特岛上形成的克里特文明是古希腊文明的先驱。

牛头人与迷宫

克里特文明以精美的王宫建筑、壁画及陶器、工艺品等著称于世。据说许多古希腊的神话传说都发生在这里，其中就包括牛头人身的米诺陶的故事。

迈锡尼人的入侵

繁荣的克里特岛引来了更加强大的入侵者——迈锡尼人。迈锡尼文明是古希腊文明的重要组成部分，其神话和史诗中有许多广为人知的古希腊英雄。

据说，迈锡尼人的头领是神话中的国王阿伽门农。

特洛伊木马

里面会不会藏了人？

特洛伊战争

迈锡尼人崇尚武力，他们经常攻击周边国家，相传，他们发起了世界著名的"特洛伊战争"，在战争中使用了木马计。

荷马

星罗棋布的希腊城邦

克里特文明后，迈锡尼文明也开始衰落。一些还处于原始状态的、讲希腊语的部落登场了，他们慢慢发展出了许多大大小小的城邦。

荷马是一个擅长讲故事的盲人，相传他整理了民间流传的神话故事，写成史诗《伊利昂纪》和《奥德修纪》。

古希腊城邦实行奴隶制，即使是崇尚"民主"的雅典人也有着不少奴隶。

听说，在洛里恩银矿上工作的国有奴隶就有上万人。

古希腊神庙大多是为供奉神而建。据说人们有困惑时，会去神庙通过祭司征询神意。

古希腊神庙

相传每次出海，希腊人都会先去神庙祈求神谕，只有得到神的认可才能扬帆远航。

为什么人们更喜欢雅典娜？

西方文明的摇篮——雅典

雅典是古希腊中较强大的一个城邦。人们推举了几位有名望的人作为执政官来管理城邦。城邦里的人们安居乐业。不仅有歌舞欢庆的婚宴，也有严肃的司法审判。

据说雅典的名字还与一位女神有关。智慧女神雅典娜与海神波塞冬同时看中了这座城市，他们分别送给城里的人礼物，想成为这座城的守护神，受人类供奉。最终，雅典娜获得了民众支持，这座城也被命名为雅典。

守护神的节日

在雅典，人们为了纪念雅典娜，会定期举行一次节庆大典，节日中举行体育、骑术、音乐等各项比赛。

斯巴达与勇士

斯巴达城也是古希腊重要的城邦之一，生活在那里的斯巴达人以武力作为安身立命之本。居于统治地位的斯巴达人拥有大量的奴隶。

我们正是靠着武力，才让奴仆慑服于我们。

据说斯巴达妇女也要接受军事训练，以便在男子出征时，她们能肩负起保卫家园的责任。

斯巴达人的军事训练

贵族男孩儿从7岁开始，都要住进国家设立的教练所，接受体育锻炼，并学习各种战斗技能。

大多数希腊人都很热爱运动。运动场里，除了举行运动会外，还常见赛跑、角力、掷石饼等竞技活动。

公元前 776 年，第一届古希腊奥林匹克运动会开幕啦！

相传，古希腊的体育场、露天剧场是祭祀和敬奉神明的场所，用于宗教节日时举办祭神的各种公共活动。

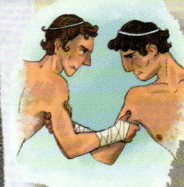

成年后，男性公民才有资格进入军团，接受正规的军事训练。

全民运动会

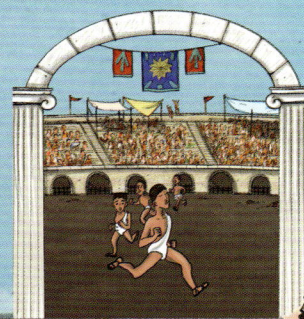

为荣誉而战

橄榄枝圆环

相传，人们用象征和平的橄榄枝作为冠军的"奖杯"。

冠军雕像

据说运动场外放置的雕像是人们为冠军制作的。

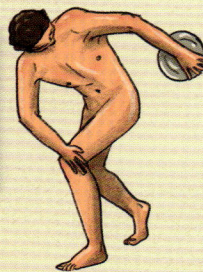

据说斯巴达人认为，战士只有两个选择，要么胜利归来，要么光荣战死。

13

亚述帝国的扩张

属于我们的时代终于到来了!

听说腓尼基人每年都要向我们纳贡,是真的吗?

他们不得不这么做,否则我们的军队会狠狠地教训他们。

听说,军队里装备了巨型投石机呢。

腓尼基文字

亚述帝国的铁蹄来了

曾被古巴比伦人统治的亚述人,经历了衰落又复兴的过程。他们善于经商,又赶上了"科技革命"——公元前 10 世纪,亚述进入了铁器时代,新亚述帝国开始了。

来自海上的腓尼基人

腓尼基人是纵横海上的商人,为了向亚述人进贡,他们经常需要扬帆出海,四处寻找财宝。

相传,离家远行的腓尼基人在旅途中也用腓尼基字母给家人写信。

亚述国王的宏图伟业

亚述国王萨尔贡二世在位时,正是亚述帝国的鼎盛时期。他热衷于征战,不断对外扩张,同时也乐于宣扬自己的功绩。萨尔贡二世死后,他的儿子和孙子开始了对外的征服之战。其孙埃萨尔哈东曾征服古埃及北部。

据说,亚述的守护神长着人的头、牛的身体。

图书馆与泥板文献

亚述的国王巴尼拔非常喜欢书,他曾派人四处搜集各地的泥板文献,并在首都尼尼微城建了一座巨大的图书馆存放它们。

这座巴尼拔泥板书图书馆里收藏了约 2.4 万块楔形文字泥板。

腓尼基贵族常常身着紫色的衣服。

约公元前 814 年,腓尼基人在北非建立起迦太基城。但他们与古希腊和古埃及的军事冲突却不断爆发。

14

新巴比伦与波斯帝国

什么样的人是最幸福的人？

儿孙出色、一生安乐、死后享有荣耀的人。

被亚述帝国支配的吕底亚王国也开启了富强之路。传说，吕底亚国王曾与古希腊执政官梭伦探讨过什么样的人是最幸福的人。

亚述帝国的灭亡

由于亚述帝国施行暴政，被压迫的人不断地奋起反抗。到了亚述帝国统治后期，在崛起的新巴比伦王国和米底王国的联合打击下，亚述帝国灭亡。

巴比伦军官那波帕拉萨反叛亚述，自立为巴比伦王，建立起迦勒底人的国家——新巴比伦王国。

崛起的新巴比伦

新巴比伦王国不断壮大，到了尼布甲尼撒二世统治时期，已成了雄霸一方的大国。相传，尼布甲尼撒二世大兴土木，下令修建宏伟的"空中花园"和高耸通天的"巴别塔"。但它们已经消失在历史长河中，成了传说。因此不少人质疑它们是否真的存在过。

四处征战的波斯国王

我要建立一个史无前例的超大帝国。

米底王国后来则被波斯国王居鲁士二世征服，居鲁士二世开创了阿契美尼德王朝，史称"波斯第一帝国"。很快，他又征服了新巴比伦，使王国更加强大。居鲁士去世后，他的儿子冈比西斯二世继承王位并征服了古埃及，使波斯帝国成了第一个横跨欧亚非三个大洲的帝国。

相传冈比西斯二世同古埃及军队苦战良久，都没能征服他们。不过这位聪明的波斯国王想到了用猫咪作战的法子，即士兵带着猫上阵杀敌。视猫为神明的埃及军队因此溃不成军，波斯军队乘胜追击，一举征服了古埃及。

繁荣的帝国

冈比西斯二世的继任者是大名鼎鼎的大流士一世。大流士一世统治时期，波斯帝国不仅交通发达，还发行货币，促进贸易，使波斯帝国越来越繁荣。

波斯帝国交通网

大流士一世下令修筑道路，形成驿路网，还开辟从印度河到埃及的航路，以发展贸易。

大流士一世的版图扩张

大流士一世的扩张仍在继续，他不仅巩固了居鲁士二世征服的领土，更将印度河流域并入帝国版图。

接下来，波斯帝国将遇上另一个强劲的对手——古希腊。

欲知后事如何，请看下一页。

古希腊的黄金时代

快把我戴上吧！

古希腊面具

来一场马拉松吧

公元前492年，波斯国王派兵进犯希腊。不过，舰队在途中因遭遇风暴而折回。两年后，波斯人再次突袭雅典东北部的马拉松，被雅典人击败。为了向雅典人民报告这个好消息，菲迪皮茨奔跑约40千米从马拉松回到雅典，说完"我们胜利了"就倒下了。为了纪念他，人们在多年之后举行了马拉松赛跑。

温泉关失守

公元前480年，波斯国王薛西斯一世带领波斯人出征希腊。希腊各城邦都很害怕，于是它们组成军事同盟，并让善战的斯巴达人担任军队统帅。在斯巴达国王列奥尼达的带领下，希腊军队在温泉关抵抗波斯军队。但敌众我寡，斯巴达士兵全部牺牲，温泉关失守。

上吧，我的勇士们。

反败为胜

但是在萨拉米斯海战中，希腊人以少胜多击败了波斯海军。波斯帝国逐渐走向衰落。

萨拉米斯海战

三列桨战船是古代海军作战的重要武器，每艘有三排桨手。

吾爱吾师，但吾更爱真理。

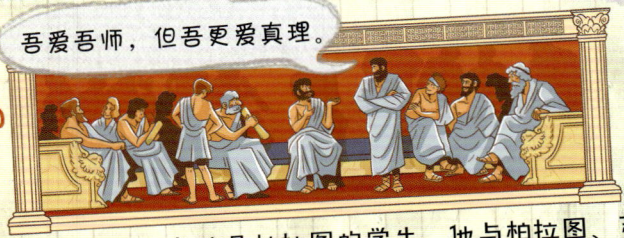

古希腊戏剧

古希腊戏剧分为悲剧、喜剧、羊人剧和拟剧等。希腊这时期诞生了三大悲剧作家——埃斯库罗斯、索福克勒斯和欧里庇得斯，还有"喜剧之父"——阿里斯托芬。

演得好！

再来一场！

走进希腊城邦

在雅典政治家伯里克利的领导下，雅典城被建设得越来越好，还新增了一座美丽的神庙——帕提侬神庙。

这座城建得不错。

再建高点儿！

欧几里得与《几何原本》

古希腊数学家欧几里得总结前人的几何学成果，写成《几何原本》，使几何学逐渐发展为一门独立的科学。

雅典和斯巴达的争吵

公元前 431 年，为了争夺希腊地区的霸权，以斯巴达为主的伯罗奔尼撒同盟与雅典为首的提洛同盟之间，开始了近 30 年的伯罗奔尼撒战争。希腊诸多城邦都被卷入到这场战争中。

都打了快 30 年了！

给我一个支点，我就能撬动整个地球。

阿基米德与力学

力学家阿基米德系统地研究了物体的重心和杠杆原理，为静力学奠定了基础。

倒霉的雅典

但战争刚开始没多久，雅典城内就发生了瘟疫，大量市民死亡，连领袖伯里克利也可能因此丧命。公元前 413 年，雅典在远征中全军覆没，并渐渐丧失在海上的优势。

最终，被斯巴达军队团团包围的雅典只好投降，从此由盛转衰。不过斯巴达也不好过，因为这场战争，它的力量被削弱了很多。

该我上场了！

当希腊动乱不安时，小国马其顿正在悄悄崛起。

阿基米德原理

阿基米德发现了物体在水中所受浮力与物体重量间的关系，人们后来把这一原理称作阿基米德原理。

尤里卡（找到了）！

尤里卡时刻

因为阿基米德的传说，人们把灵光一闪突然获得重大发现的时刻称为"尤里卡时刻"。

征服世界的年轻国王

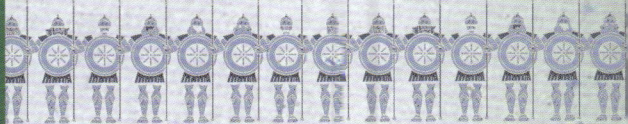

没错，说的就是我！

明明是你围着我转的！

亚历山大

子承父业

公元前4世纪，马其顿国王腓力二世征服了动乱中的希腊诸城邦并将其纳入自己的版图。但他在远征波斯前被人谋杀，于是他的儿子亚历山大继承王位，成为了新的国王。

相传，亚历山大12岁时就能驯服烈马布塞菲勒斯。

亚历山大从小就很聪明，他拜著名学者亚里士多德为师。据说，亚历山大还常在远征途中派人给老师送去各种动植物标本。

我讲的道理你听懂了吗？

传说谁能解开戈尔迪之结，谁就可以统治整个亚洲。但这个结既看不出绳头，也看不出绳尾，要怎么解呢？亚历山大看了一会儿后，突然拔出剑把绳结劈成两半儿。戈尔迪之结就这样被轻易地解开了。

地心说

亚里士多德首次科学地论证出地球是球形的。他还认为地球是宇宙的中心，太阳、月球和其它行星都绕地球转动。几百年后的天文学家托勒密也如此认为。

我也是这么想的。

托勒密

亚里士多德

建立庞大帝国

亚历山大的梦想是征服世界，他即位后相继占领埃及、进占巴比伦、灭亡波斯帝国、远征印度、建立起一个地跨欧、亚、非三洲的庞大帝国。

啊！我的武器！

原子概念的形成

哲学家德谟克利特认为，万物由许多不可分割的微小物质粒子组成，这种粒子称为原子。原子的英文单词"atom"就源自希腊语，意思是"不可分割的"。

三段论

亚里士多德创立了三段论的演绎推理形式。三段论由大前提、小前提和结论三部分组成。

所有的人都是要死的。
（大前提）
苏格拉底是人。
（小前提）
所以，他也是要死的。
（结论）

与国王同名的城市

亚历山大在各地兴建以自己名字命名的城市，埃及最大的海港和第二大城——亚历山大城就是这样来的。

亚历山大图书馆就建在这座城市里，是当时世界上主要的文化中心之一。

建立在城外港口的法罗斯灯塔被称为古代世界七大奇迹之一。

帝国的崩塌

由于疫病流行、士兵极度厌战，亚历山大只好班师回国。公元前323年，年仅33岁的亚历山大突染疾病早逝，庞大的帝国被他的将领们迅速瓜分。

亚历山大死后，他的部下托勒密在埃及建立起托勒密王朝。

阿育王大力弘扬佛教，派人去周邻诸国传播佛教，并下令修建了很多佛教建筑。

阿育王去世后，帝国逐渐分裂，孔雀王朝走向衰败。

文明古国中的大人物

古希腊

在古希腊人的眼中，宙斯推翻了父亲克罗诺斯的统治，成为世界的主宰。他与自己的兄弟姐妹和子女合称为"奥林匹斯众神"。

 宙斯
 赫拉
 波塞冬
 得墨忒耳
 阿佛洛狄忒
 雅典娜

 阿瑞斯
 阿波罗
 阿尔忒弥斯
 赫尔墨斯
 赫菲斯托斯
 狄奥尼索斯

中国神话

在中国古代神话中，宇宙的起源来自盘古的故事，而人类是由女娲用黄土造出来的。

盘古

很久很久以前，天地还未分开。在宇宙混沌中，有个叫盘古的巨人，用斧子劈开了宇宙。只听"啪"的一声巨响，天地分开了！

女娲

天地开辟后，日月星辰、山川草木、鸟兽虫鱼都有了，却唯独没有人。上古天神女娲就照自己的样子用黄土和水造出了一个个小泥人。从此，大地上便有了人类。

伏羲

画个什么好呢？

很久以前，各部落之间战乱不断，这时黄帝统一了华夏（中国古称）。

有个叫伏羲的部落首领经常思考天地奥秘。一天，他看到了龙马飞腾的景象，终于领悟世间万物运转的奥秘，他将其总结为八卦阵，帮助人们认识自然。

黄帝

大禹

人间洪水滔天，给百姓造成了很大的威胁，为了解救百姓，大禹奉舜的命令去治水，一治就是13年。大禹治水成功后，舜决定让大禹成为他的接班人。

古印度

古印度的三大主神分别是梵天、湿婆和毗湿奴。印度史诗《罗摩衍那》中说梵天是从太空中出现，也有传说他是从金蛋中破壳而出，然后他开始创造世界万物。

梵天

梵天是三大主神之一，为创造之神。

毗湿奴

湿婆

毗湿奴是保护神，有鱼、龟、罗摩、佛陀等化身。

湿婆是三大主神之一，为毁灭之神、苦行之神和舞蹈之神，终年在喜马拉雅山上冥想。

哈奴曼

猴神哈奴曼是风神的孩子，据说他力大无穷，可以徒手搬起一座大山。

神迦尼

神迦尼是湿婆和雪山神女的长子，常被描写为人身象面的形象。据说，神迦尼喜吃甜食。

古埃及

在古埃及人的眼中，创世之初，世界上只有一片混沌、黑暗、深不可测的水。直到有一天，水面上升起了一座岛屿，岛上出现了太阳之神——拉。拉通过"呼唤"创造出人和世间万物。

拉

拉神先创造了空气神舒，然后又召唤出湿气神泰芙努特。

拉神化身为法老统治古埃及。

舒

泰芙努特

努特

盖伯

紧接着，舒和泰芙努特又生育了地神盖伯和天神努特。

奥西里斯

努特和盖伯的长子、长女分别是奥西里斯和伊西斯。

伊西斯

赛特

次子、次女分别是赛特和涅芙狄斯。

涅芙狄斯

古代北欧

古代北欧部族奋力征服自然，还拥有征服冰雪严寒的勇敢精神。

北欧的故事里塑造了不少英雄人物，比如受人敬仰的英雄——拿着神锤、力大无穷的雷神托尔。

雷神托尔

快踏上旅途吧

开辟丝绸之路

公元前2世纪，中国的张骞被汉武帝两次派遣出使西域，开辟出一条横贯东西、连接亚欧的丝绸之路。之后，丝绸之路的范围被慢慢扩大，涉及亚洲、欧洲和非洲。

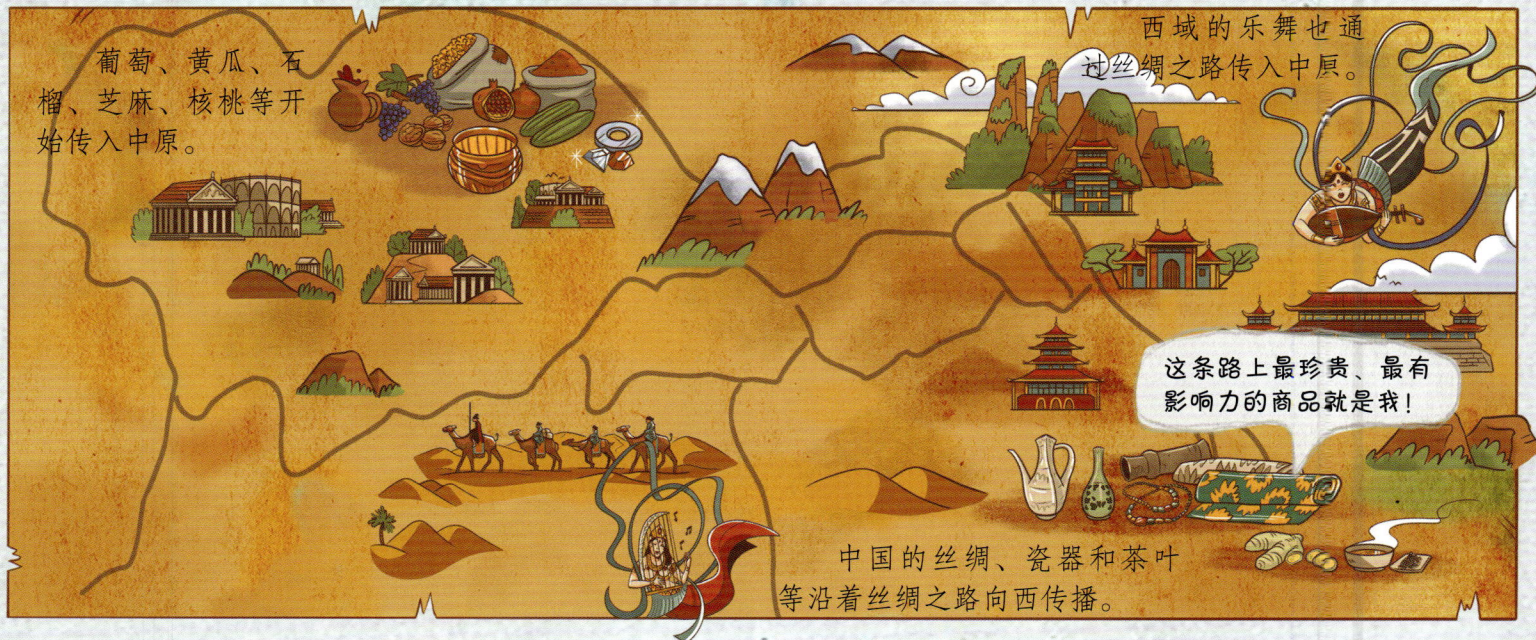

葡萄、黄瓜、石榴、芝麻、核桃等开始传入中原。

西域的乐舞也通过丝绸之路传入中原。

这条路上最珍贵、最有影响力的商品就是我！

中国的丝绸、瓷器和茶叶等沿着丝绸之路向西传播。

启程吧，造纸术

造纸术随着丝绸之路从中国传到了西方。东汉时，蔡伦改良造纸术，用低成本的造纸材料取代高成本的材料，这让普通的人家也能用得起纸。后来，造纸术经阿拉伯地区传入欧洲。

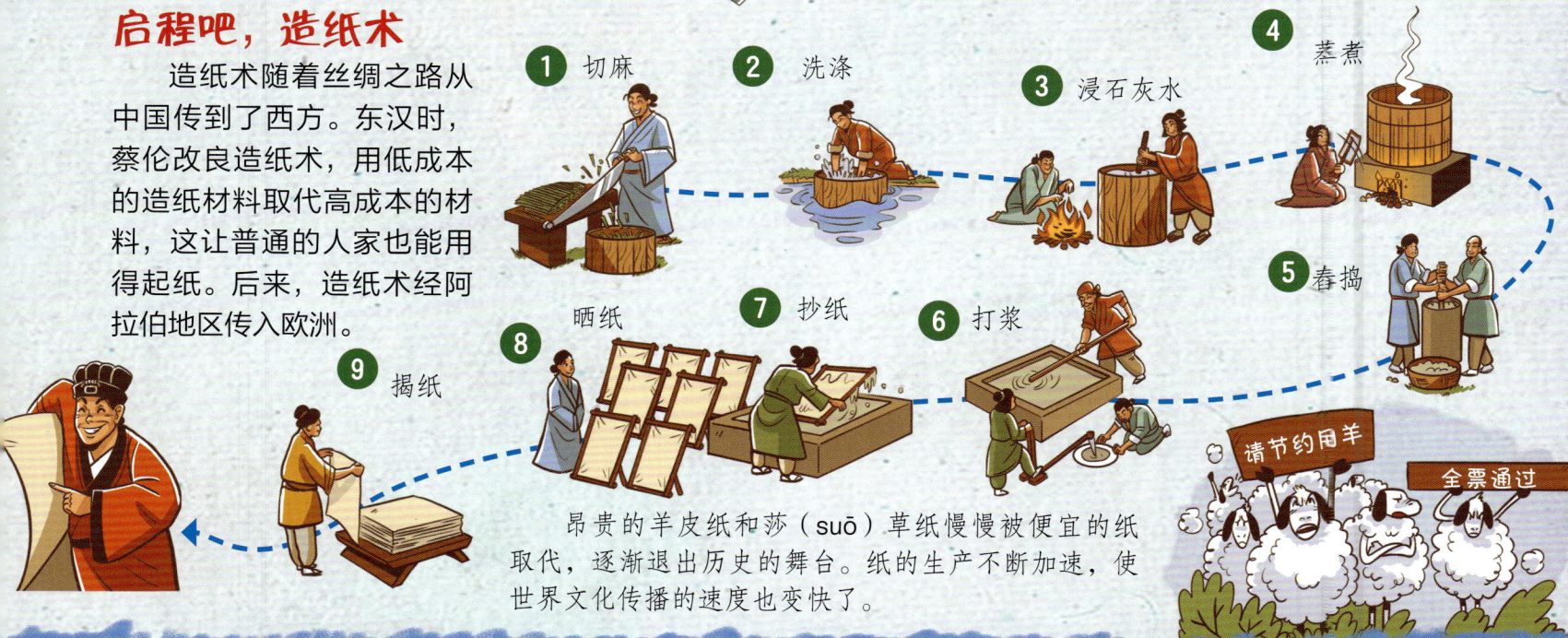

1 切麻
2 洗涤
3 浸石灰水
4 蒸煮
5 舂捣
6 打浆
7 抄纸
8 晒纸
9 揭纸

请节约用羊

全票通过

昂贵的羊皮纸和莎（suō）草纸慢慢被便宜的纸取代，逐渐退出历史的舞台。纸的生产不断加速，使世界文化传播的速度也变快了。

墨子

老子

孔子

百家争鸣

早在春秋战国时期，中国诞生了孔子、墨子和老子等思想家。他们分别创立儒家、墨家和道家等学派。他们的学说后来被广泛传播。

长城是中国古代的军事防御工程。它的修筑始于春秋战国时期，持续了两千余年，是世界建筑史上的奇迹。

万里长城

遥远美洲的古老文明

玛雅文明

相比于古巴比伦、古埃及文明，美洲的古文明起步十分晚，却也毫不逊色。

玛雅文明是中美洲古代印第安文明的代表，在数学、天文学和农业等方面有着卓越的成就。玛雅人主要种植和食用玉米，因此玛雅文明又有"玉米文明"的称号。

玉米神是玛雅的创世之神，相传他曾从海龟壳的裂缝中复活。

玛雅人培育出玉米、可可豆等作物，丰富了世界上的食物种类。

与古埃及当作陵墓的金字塔不同，玛雅人建造的金字塔是典型的宗教建筑。

玛雅人的天文历法十分发达。他们通过观察和测算，发明了太阳历和圣年历两种历法。

与我们使用的十进制系统不同，玛雅人使用二十进制系统来计数。这是因为他们在计数时，除了手指外，还算上了脚趾。他们还发明了数字"0"的概念，这比欧洲人早了800多年。

但在公元16世纪，玛雅文明等美洲文明相继被来自欧洲的殖民者摧毁，逐渐湮没于热带丛林之中。

阿兹特克文明

美洲古代印第安人文明之一，首都矗立在一片河道纵横的湖泊中，堪称当时世界上最伟大的都城之一。

阿兹特克的首都建有宏伟的宫殿、神殿、太阳金字塔和月亮金字塔。

印加文明

南美洲西南部的印第安人文明，"印加"为其最高统治者的尊号，意为"太阳之子"。15世纪起势力强盛。但在1533年被西班牙殖民者所灭。

每天扩大一点点

母狼哺乳过的国王
现在，让我们回到公元前753年，这一年发生了一件大事。传说中由母狼哺乳过的罗慕路斯登上了王位，成为第一任罗马国王。他以自己的名字命名了罗马城，开启罗马的"王政时代"。

求求你回来吧！

贵族　平民

铜表上的法典
罗马内部阶级分化，贵族和平民矛盾日增。贵族把持政权奴役平民。为了抗争，很多平民离开了罗马，多年后，贵族终于开始妥协。

终于，平民也能获得设置保民官等权益。这场斗争还促使罗马第一部成文法典——《十二铜表法》诞生。

罗马共和国建立起来啦
到了公元前6世纪末，末王高傲者塔克文残暴不仁，于是人们把他赶了出去。公元前509年，罗马共和国建立，迎来共和时代。

布匿战争
到了公元前264年，罗马和迦太基为争夺统治权打了起来。经过3次布匿战争，迦太基沦为罗马的行省。

此后，马其顿、希腊等地也沦为罗马的行省。罗马很快就发展成一个横跨欧、亚、非的大国。

终于胜利了！

今天罗马又扩大了一点儿。

罗马共和国重要的机构和官员

元老院，最初由约100名元老构成，是最高行政机构和监督机关。

执政官，是共和国的高级长官。

为什么我不行？

你没有10年以上的服役经历。

营造官，负责粮运和公共建筑的维护、修缮，以及公共集会和节庆。

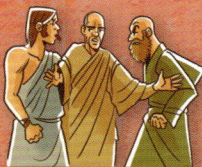

大法官，负责处理法律纠纷。最初握有军事指挥权。后来，由执政官接掌。

财务官，需要10年以上服役经历，负责管理国库等财政和行政事务。

掌控罗马的人

公元前 1 世纪，罗马社会处于动荡的转折期，政治家庞培、克拉苏与恺撒共同掌控罗马，史称"前三头政治"。

恺撒开始担任执政官，他有着极高的军事才能，势力日益增长。这让元老院和庞培感到害怕，于是他们开始联手对付恺撒。但是恺撒最终却战胜了元老院和庞培。庞培逃到埃及，被埃及人刺杀身亡。

相传，为了纪念恺撒，人们以他的名字"Julius"命名了 7 月 (July)。

我还制定了儒略历。

我来，我见，我征服

相传，恺撒进攻小亚细亚时，在给元老院的捷报上写下了名言"我来，我见，我征服"。回国后，恺撒举办了盛大的凯旋仪式，成了罗马的终身独裁官。

大权在握的恺撒实施了一系列改革，但他的独裁统治让许多元老、贵族不满，于公元前 44 年被刺杀。

屋大维的尊号"Augustus"也被用来命名了 8 月（August）。

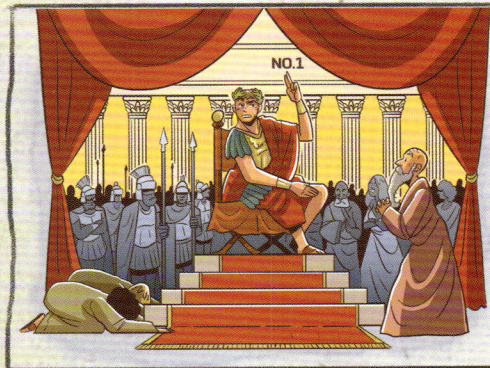

除了屋大维，你还可以叫我奥古斯都哟！

罗马帝国建立了

恺撒死后，他的养子屋大维获得尊号"奥古斯都"（意为"神圣的""伟大的"），创立了罗马帝国。屋大维采取了一系列政策，使得罗马的经济和文化迅速发展。

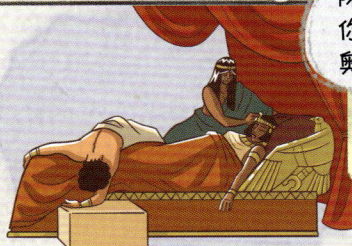

屋大维还曾灭亡托勒密王朝，使埃及成为罗马的行省。

罗马奴隶起义

罗马共和国在末期发生过几次大规模的奴隶起义，其中斯巴达克起义最为著名。但到了罗马帝国时期，奴隶起义却很少发生。

耶稣的诞生

此时，在遥远的伯利恒，木匠约瑟的妻子马利亚在马槽里生下了一个小男孩儿——耶稣。相传，耶稣长大后在各地传教，并创立了基督教。

学者通常将传说中耶稣降生的那年定为公元元年。

走进罗马帝国

古罗马人的一天

　　罗马帝国的社会经济不断发展，人们的生活也变得越来越好。让我们来看看古罗马人的一天是怎样度过的吧。

起床

　　女主人在奴隶的服侍下梳妆打扮。

　　古罗马人每天都很早起床，起床后，要先进行祷告，然后再前往工作地点。

　　一家人正要对着供奉神像的神龛（kān）进行祷告。

晚餐

　　古罗马人习惯在傍晚时吃正餐，那是他们一天中最丰盛的一餐。

　　富人们通常要靠在躺椅上进食。

沐浴

　　相传，古罗马人会用刮身板刮净皮肤。

　　公共浴场里，人们正在洗澡。这里可以为古罗马人民提供热水、温水、冷水服务。

古罗马的道路

　　罗马帝国建立后，人们修建神庙、公路、水道等，罗马的道路越来越发达。逐渐完善的道路系统方便了商人出入，罗马的经济也因此变得越来越好。

古罗马的节日

　　古罗马有许多节日。在公共节日期间，人们会举行祭祀仪式或游行、赛会等活动。

古罗马的奴隶

　　奴隶被主人当作财产，可以被随意对待。

26

古罗马的建筑

古罗马人的延续了古希腊的建筑风格和技术，达到西方古代建筑的最高峰。

1世纪，古罗马竞技场建成了！它是古罗马最早、最精美的圆形剧场，可容纳近5万名观众。赛马、歌舞表演、角斗和斗兽在这里不断上演。

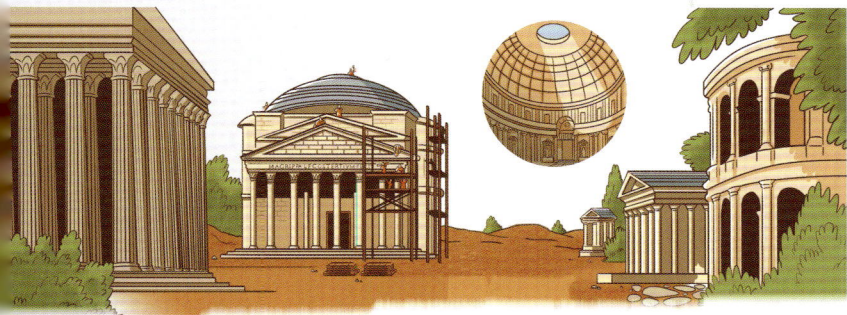

万神庙位于罗马古城中心，体现了古典建筑和谐、庄严的特征，为古罗马建筑的代表作之一。不过它后来毁于一场大火，多年后才得以重建。

许多古罗马人都前往希腊学习，然后把希腊的文化成就带回罗马。他们也学习希腊的建筑，还在希腊爱奥尼克、科林斯柱式的基础上创造了新的混合式柱式。

这看上去可真精彩啊！

没想到这里还会上演海战。

当时的罗马水道十分发达。上演海战表演时，竞技场内会被灌进大量的水。角斗士们驾着小船模拟海战。由此，观众就可以看到场面颇为壮观的水上格斗表演了！

爱奥尼克柱式

科林斯柱式

混合式柱式

古代罗马文学

屋大维统治时期是古代罗马文学发展的黄金时期。维吉尔、贺拉斯和奥维德都是这一时期的著名诗人。

维吉尔

贺拉斯

奥维德

阿佛洛狄忒 厄洛斯 雅典娜 密涅瓦 丘比特 维纳斯

宙斯 朱庇特

当希腊众神来到古罗马

古罗马人把希腊众神与罗马众神融合，他们把朱庇特对应希腊神话中的宙斯，把维纳斯对应希腊神话中的阿佛洛狄忒……

帝国的灭亡

换来换去的帝王

　　屋大维死后，罗马帝国的其他帝王也开始了自己的故事。但接下来即位的几位皇帝，有的挥金如土、滥杀无辜，被元老议会宣布为人民公敌；有的在位时间只有短短几年，就死于非命。

　　公元 69 年，韦斯巴芗（xiāng）被军队拥立为帝，他采取多项措施，迅速恢复了罗马帝国的秩序。第二年，他还命儿子提图斯攻占耶路撒冷。他在位期间，征服了许多地区，为罗马帝国开拓了疆域。

图拉真

他多次远征，使帝国的疆域面积达到最大。他为庆祝攻占达西亚而建的纪功柱如今仍矗立在罗马城内。

图拉真纪功柱

火山爆发了

　　公元 79 年，维苏威火山爆发，摧毁了周边的几座城市，其中就包括繁荣的庞贝城。可怕的天灾令此时已成为皇帝的提图斯十分痛心，他拿出自己的财产来救灾并安抚人民。

帝国"五贤帝"

　　2 世纪是罗马帝国最强盛的时期，帝国迎来了"五贤帝"（涅尔瓦、图拉真、哈德良、安东尼·庇护、马可·奥勒留），他们的治理都十分出色。但是到了公元 2 世纪末，帝国开始陷入巨大的危机中。

黄金时代结束

　　到了 3 世纪，由于经济衰败导致的政治混乱，引起人民起义，再加上海盗肆虐和蛮族入侵，帝国逐渐四分五裂。

哈德良

他修建了著名的哈德良长墙，以此来抵御外族的入侵。

马可·奥勒留

他一直努力维持罗马帝国的繁荣强盛，但帝国的情况还是在日益恶化。

把皇权切成四块

就在罗马最危难的时刻，戴克里先出现了，将元首制变成君主制。为了强化统治，戴克里先把罗马分为东、西两部分，创立了"四帝共治制"。

君士坦丁时代

戴克里先退位后，"四帝共治制"迅速崩溃。许多人都开始争夺帝位。经过一番激烈的争斗，君士坦丁脱颖而出。

我赢了！

君士坦丁统一了罗马帝国西部，并于第二年与他人合力征服东部。后来君士坦丁成了帝国唯一的统治者，并迁都于拜占庭，将其改名为君士坦丁堡。

四帝共治制

戴克里先在统治时期实行了此制度。他把罗马分为东、西两部分，每个部分都由正、副两位统治者来掌管。正帝称为"奥古斯都"，副帝称为"恺撒"。

罗马分东西

君士坦丁逝世后，他的儿子和侄子们开始了激烈的帝位争夺赛。

经过多次战争，狄奥多西一世终于使帝国重获统一。他最后把帝国留给了他的两个儿子，这导致罗马帝国正式分裂。东部归长子阿卡丢统治，为东罗马帝国；西部归次子霍诺留统治，为西罗马帝国。自此，罗马帝国再未统一。

我的！

公元 404 年，因为西哥特人的不断入侵，霍诺留最后迁都于拉韦纳。之后的几十年，外族不断入侵西罗马帝国，罗马城被多次洗劫。

我的！

公元 476 年，西罗马帝国皇帝罗慕路斯被日耳曼雇佣兵首领奥多亚塞废黜。西罗马帝国灭亡。

以后再也没有西罗马帝国了。

而东罗马帝国却存在千年，于公元 1453 年才灭亡。

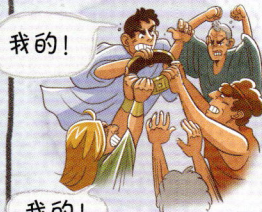

罗马凯旋门

罗马帝国时期为了纪念出征胜利或表彰将帅战功而建立的门式建筑物。现存提图斯凯旋门、塞维鲁凯旋门和君士坦丁凯旋门 3 座。

著名的君士坦丁凯旋门是为了纪念君士坦丁战胜马克森提而修建的。

《沉思录》

马可·奥勒留留下的著名的哲学著作。

最后的奥运会

狄奥多西一世下令废止古代奥运会。公元 393 年举办的古代奥运会也是最后一届古代奥运会。

中世纪开始

"中世纪"通常被认为始于西罗马帝国的灭亡。

这是一群野蛮人!

野蛮人入侵

4世纪末期时，罗马帝国迎来了以日耳曼人为主的"蛮族"部落的大举入侵。西罗马灭亡后，罗马帝国仅剩下东罗马延续下来，欧洲进入了中世纪时期!

日耳曼人是古代欧洲民族之一。它包括了法兰克人和西哥特人等多个分支。他们在罗马帝国的土地上分别建立了法兰克王国、西哥特王国等国家。

领主建起庄园

中世纪初期，一些国王将土地分封给了教会和自己的部下，使得教会和贵族拥有了土地，成了封建领主。这些领主还将自己的领地划分成庄园。同时，居住在封地上的人也被封赏给了封建领主。

国王需要被承认

法兰克国王克洛维想要更好地统治那些靠武力征服来的子民，于是他寻求了教会的帮助，借助教会对人们的影响，加强自己的统治。后来，篡夺了王位的宫相丕平送给教皇一片土地，换取了教会的支持。在教皇为他加冕后，他就成了"名正言顺"的国王。此后，很多国王都需要借助教皇的加冕获得"认可"。

克洛维一世

没有我，百姓不认可你为国王!

我们是永远的盟友。

勇武善战的查理大帝

查理大帝是丕平的儿子，他统治期间对外进行了50多次战争，使法兰克王国成为控制西欧大部分地区的大帝国。他加冕成为皇帝后，法兰克王国又称为"查理帝国"。

查理大帝也接受过教皇的加冕。在公元800年的圣诞节，教皇为查理大帝加冕并授予他"罗马人皇帝"的尊号。

查理大帝

我们喜欢称他为查理曼。

我是一个农奴，一年内大部分的时间我都在为领主工作。

中世纪的"金字塔"

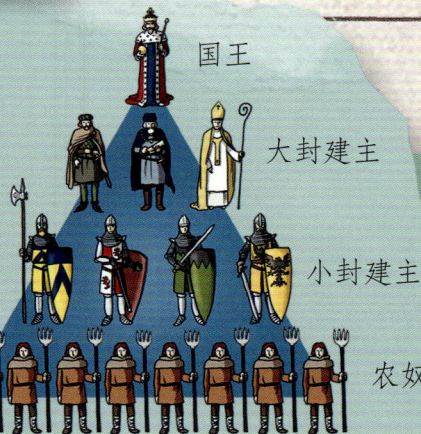

国王

大封建主

小封建主

农奴

领主居住在豪华的大房子里，过着奢侈的生活。他们尽情享受仆役的服务，也常举办各种宴会。

争吵不休的国王与教皇

国王和教皇相互帮助的局面并未维持多久。教皇认为教会的权力不应由世俗的君主授予，世俗君主也无权干涉教会主教的选举和任命。而被称为"世俗君主"的国王则认为教皇的权力太大、教会的影响力也太大，会威胁王权。

教皇为什么有这么大的权力呢？

在欧洲国家，开除教籍是很严重的惩罚。

中世纪早期的欧洲战乱不断，教会带领人们发起反抗并成了众人精神上的寄托和希望。因此教会的地位逐渐提高，有了能与统治者抗衡的权力。

谁怕谁？

你不再是基督教徒。

在国王的权力相对弱时，教皇甚至能影响国王的地位，使之面临被推翻的危险。

修道院

修道院是中世纪时期培养神职人员的地方。为了培养识字的修道士，修道院中出现了学校。修道院成为传播信仰和知识的重要场所。

修道院里的人掌握一定的医学知识，他们为病人看病，也为病人祈祷。

修道院会举办社会救济活动，接济穷人。

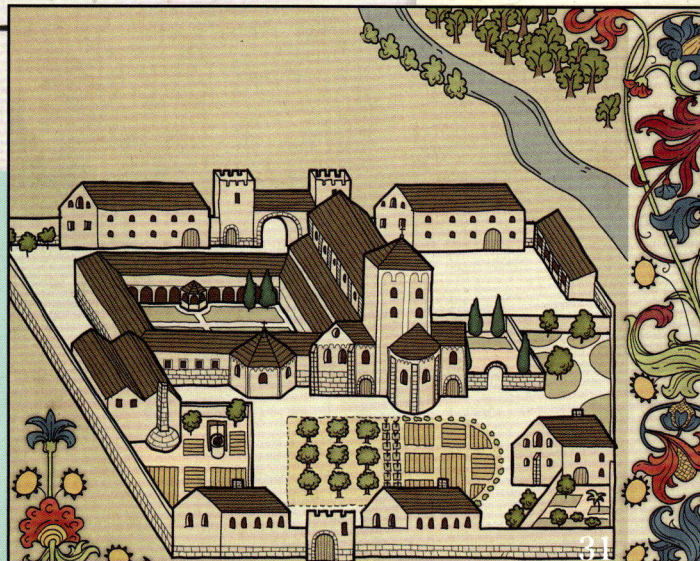

城堡与骑士

谁能拥有大城堡

在童话故事中，城堡里住着美丽的公主，还有负责保护公主的骑士。实际上，最早的城堡并不是为公主而建，骑士的主要职责也不是保护公主。城堡被称为"欧洲早期要塞"，大多是封建主为守卫领地而建。9世纪开始，从中亚到西欧修建起了许多封建主的城堡。

城堡的用途

一旦发生战争，城堡就是坚实的堡垒，帮助士兵抵御外敌。敌人想占领这片区域，就得先攻下该区域的城堡。在和平时期，城堡可以作为住宅、仓库甚至是集市。

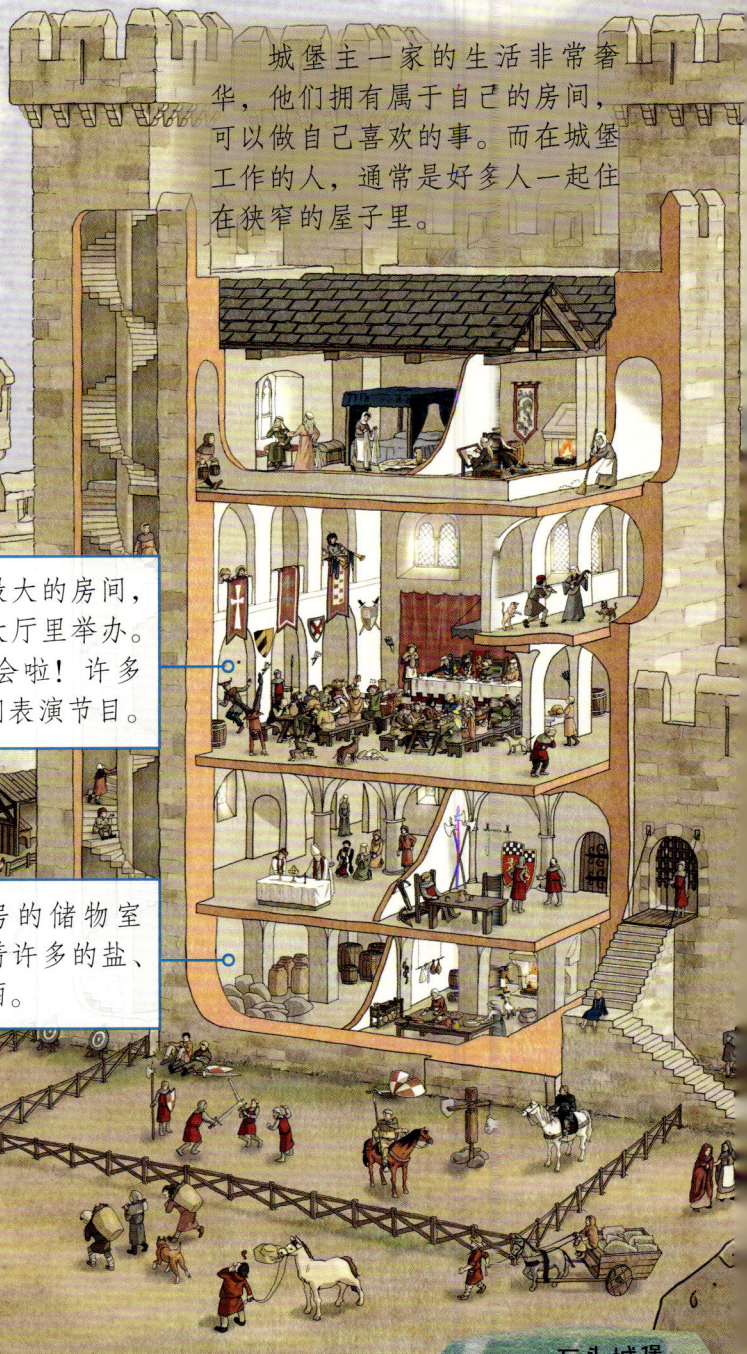

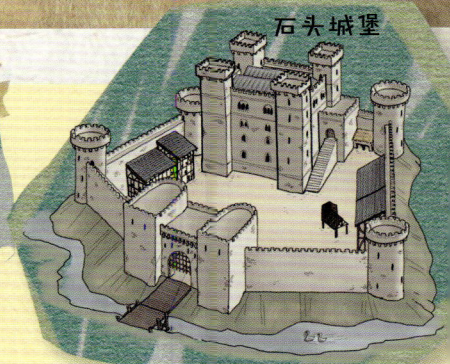

城堡主一家的生活非常奢华，他们拥有属于自己的房间，可以做自己喜欢的事。而在城堡工作的人，通常是好多人一起住在狭窄的屋子里。

哨兵在高耸的塔楼上站岗，他们发现敌人后会发出特殊暗号相互通报情况。

城堡需要定期的维护、修缮。

大厅是城堡中最大的房间，几乎所有活动都在大厅里举办。看，领主又在办宴会啦！许多杂耍演员在为宾客们表演节目。

厨房的储物室里存放着许多的盐、腌肉和酒。

欢迎来到我的领地，这座大城堡是我的家。

城堡主人

远道而来的客人，愿上帝保佑你！我要去给孩子们上课了。

牧师

城堡是防御用的堡垒，作战时的武器！我是城堡的守卫。

仆役

骑士

有的人可以在城堡里享受一切，而我们不仅没有自由，还要完成繁重的工作。

土木材料城堡

石头城堡

中世纪的明星——骑士

骑士是西方中世纪时期的明星，是最理想的"男子汉"形象。

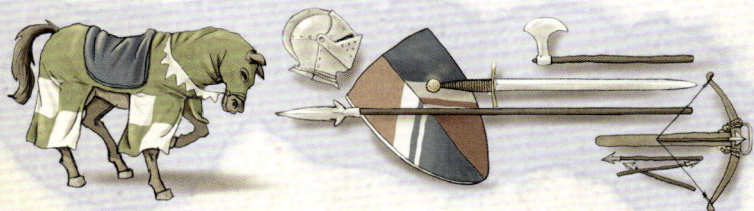

普通骑士需要自己准备马匹、盔甲、刀剑等装备。

这些非常精美的盔甲属于贵族骑士或国王。

圆桌骑士是亚瑟王领导的骑士团。他们每次议事时都在圆桌边就座，圆桌意味着座次上没有地位差别，每个人都可以自由发言。

马上比武不仅是模拟战争，更是操练和展示新武器的好机会。这项活动备受追捧，比赛中获胜的骑士们也会成为人们心中的偶像。

如何成为一名欧洲骑士

骑士从小要练习骑马、游泳、投枪、击剑、打猎、弈棋和吟诗等技能。

需要经过家庭教育、礼文教育和侍从教育等阶段的训练。

21岁由老骑士授予武器，从而正式取得骑士称号。

《一千零一夜》与阿拉伯地区

知识的传播者

当欧洲的知识被修道院和教会掌控时，他们的"邻居"阿拉伯帝国却把知识广泛传入亚洲、非洲和欧洲各个地区，产生了深远影响。

后来，许多阿拉伯学者带着书籍前往欧洲，其中很多都是关于科学的书籍。

你们最近在看什么书？

我在看《一千零一夜》，里面的故事太有趣了。

《一千零一夜》

《一千零一夜》包括童话、寓言以及历史故事等，生动地反映了阿拉伯帝国的生活习俗、风土人情和社会制度，堪称世界文学的瑰宝。

"图书宝库"阿拉伯

阿拉伯帝国开启了一场持续约 200 年之久的书籍翻译运动，所翻译的书籍几乎涉及一切科学领域。相传，因为翻译运动，阿拉伯人拥有了大量的书，那里几乎遍地都是"图书馆"。阿拉伯学者开展了大量的研究工作，研究领域广泛、著述丰富，在世界文化史上作出了卓越的贡献。

造纸术

中国的造纸术传入了阿拉伯，纸的出现使书籍制作更方便。后来，造纸术又从这里传入了欧洲。

繁荣的商业贸易

随着国家之间的商贸往来，阿拉伯先进的医学知识、科技和精美的手工艺品等也慢慢传入欧洲。阿拉伯人还将中国的四大发明（造纸、印刷术、指南针和火药）传入欧洲，为西方文化的发展提供了便利条件。

阿拉伯数字

阿拉伯人传播印度数字和十进位法到欧洲，给记数和运算打开了方便之门，欧洲人称之为"阿拉伯数字"，后来为全世界采用。

《算盘书》

有一个叫斐波那契的意大利人游历了埃及、希腊、西西里等地，熟悉了多国商贸用的算数体系。后来，他回到欧洲，写下著作《算盘书》，该书对欧洲数学有着深远影响。

走进中世纪的大学

大学诞生了

11—13 世纪是西欧的繁荣期，人们对教育有了新要求，从而促使大学产生。最早的大学于 12 世纪出现在经济力量最强的意大利、法国和英国。

中世纪大学以拉丁语作为教学语言，而拉丁语也是西欧各民族间的交际语言。因此，在国际性质的大学中，来自欧洲各地的学生都可以聚集在一起交流和学习。

中世纪大学的课程一般有文学、法学、医学和神学4个学院。

早上好。

你的拉丁语说得很标准了呢！

昨天的拉丁语测试我通过了。

哪里标准？听上去仍有一股法国味儿。

真是太好了。

大学属于谁？

在中世纪，一部分大学由学生建立，学生为管理者。另一部分大学则由老师建立，老师为管理者。

我们组建一个同乡会吧。

由学生主管校务的大学，学生可以决定请谁当教授、学费收多少、一学期有多长以及每学期多少节课等。

不同地区的学生会组织自己的团体，保护自身的权利。教授也会组织自己的团体。据说，这样的团体是学校的"前身"。

您愿意来我们学校任教吗？

啊……这……能换道考题吗？

据说，在学生作为管理者的学校里，教授们为了与掌权的学生"抗衡"，设置了各种考试和标准来检验学生的水平，以决定是否授予该学生学位。

听说上大学后，能够免除赋税和服兵役的义务。

是的，这是大学师生们拥有的特权。

巴黎大学

巴黎大学源于曾经的主教学校和僧侣学校。相传这所大学诞生于巴黎圣母院的大教堂。

牛津大学

牛津大学是英国最古老的大学之一，最初是贫苦学者合居读书之处。

剑桥大学

剑桥大学也是英国最古老的大学之一，它由一些从牛津迁到剑桥的学者、僧侣所建。

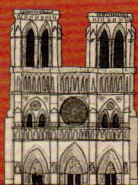

中世纪的生活

中世纪时期，欧洲仍保存了罗马时代的一些城市。到了 11 世纪，西欧各国的部分旧城开始复苏，同时也有新的城市诞生。

伦敦

巴黎

威尼斯

佛罗伦萨

13 世纪时，佛罗伦萨因纺织业崛起，成为当时意大利的重要城市，也是文艺复兴的发源地。

巴黎圣母院从 1163 年开始建造，耗时将近两个世纪才完工。

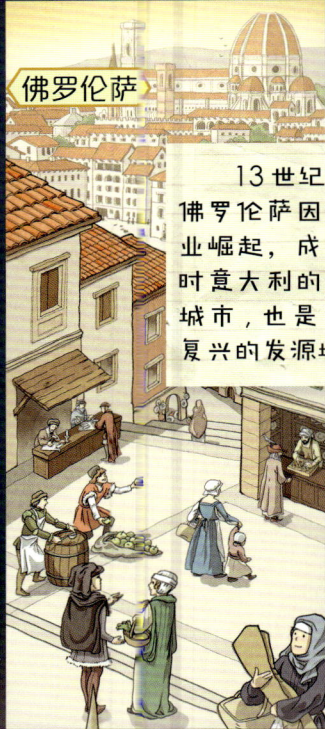

这段时期的手工业开始兴盛，城市商人兴起，西欧城市中出现了大量集市。

在一些城市中，走在街上时要小心街道两旁的居民泼下的排泄物！没错，人们会将污水、粪便直接泼洒在街道上，尤其是居民区域。

欢迎来到布鲁日，今天的集会非常热闹！

集市上能找到各种香料、酒饮，甚至有餐桌摆放在店铺周围，人们可以在这里享受一顿露天午餐。

港口城市——布鲁日

布鲁日曾是欧洲中世纪时期繁荣的港口城市。欧洲许多国家满载商品的船只停靠在港口，琳琅满目的货物被运到这里进行交易。

谁？

地球是圆的，它不停地自转，并围绕太阳公转。

他居然说大地是个圆球，而且一直在转动！

教义里说了大地是静止的。

这个人瞪着眼睛说瞎话呢。

太阳和地球到底谁在中心

以前，绝大部分人都认为地球是宇宙的中心，这种思想又被称为"地心说"。然而，哥白尼推崇"太阳才是中心，地球等围绕太阳旋转"的"日心说"，这一学说违背了罗马教会的主张，哥白尼幸而得到了朋友们的帮助，才顺利出版著作。

不过真理不会被磨灭。很久以后，一个叫伽利略的人发明了天文望远镜，并通过望远镜看到了能够证明"日心说"的天象，这才让那些只相信"眼见为实"的人开始关注"日心说"。

可怕的瘟疫

14 世纪中期，一种被称为"黑死病"的鼠疫开始在欧洲蔓延。黑死病是一种非常可怕的传染病，病人会出现高烧、呕吐、呼吸困难等症状。许多人因此死亡。

薄伽丘的名作《十日谈》里就提到了这种可怕的疾病。

面对可怕的瘟疫，即使当时医疗条件不发达，医生们仍然走到了与瘟疫战斗的前线。

当时的医学十分落后，人们并不知道黑死病是由病菌引起的，也不知道鼠类等动物是主要传染源。

据说，鸟嘴面具等防护用具在瘟疫爆发后两百多年才出现。

随着瘟疫大流行，欧洲许多地方自发采取了隔离措施，防控疫情。

这场瘟疫给当时的欧洲带来了空前的灾难，虽然让人类付出了惨痛代价，但是人们还是坚强地度过了这段可怕的岁月。

纵横海上的维京海盗

来自冰雪之乡的不速之客

中世纪，有一群令人闻风丧胆的维京海盗，他们主要由丹麦人、挪威人和瑞典人组成。从8世纪末到11世纪中，大约300年的时间里，他们在欧洲肆虐，那些陷入内乱或处于割据状态的东、西欧国家，尚无力量与他们抗衡。

漂洋过海去征服

从公元866年开始，丹麦人进行大规模远征，并在英格兰建立移民区。英格兰威塞克斯国王阿尔弗烈德率领军队和丹麦人作战，并于爱丁顿之战中大败丹麦人，收回了被攻占的伦敦城。

阿尔弗烈德与丹麦人订立了合约，约定英格兰东北部归丹麦人，史称"丹麦区"。

直到11世纪初，丹麦国王一举征服了英格兰全境，成为丹麦和英格兰的国王。丹麦国王克努特大帝建立了包括丹麦、英格兰、挪威、瑞典南部和苏格兰大部在内的"北海大帝国"。

克努特大帝主要留居英国伦敦，他推行亲善政策，尊重英格兰的民族传统。他统治时期是丹麦和维京海盗时代的鼎盛期。

商人还是海盗?

这些维京海盗凭借漫长的海岸线和较先进的造船技术，一边与欧洲各国进行海上贸易，一边又抢劫商船。

造船技术

公元793年，丹麦人袭击了英格兰东北海岸，拉开了维京海盗时代的序幕。

维京海盗用橡木制造出了一种适航性能良好的帆船，航迹远达格陵兰岛和北美大陆。

丹麦人擅长航海，常南下与其他国家做生意。但他们亦商亦盗，常在夏季时出海进行抢劫。

连接东西方的海上通道

日本的中世纪

海上丝绸之路

航海一直以来都是件非常危险的事情，经过前辈们多年的探索，东西方国家之间建立起了一条相对安全的海上路线——海上丝绸之路，也称"海上陶瓷之路"或"海上香料之路"。威尼斯的港口时常停靠着从东方回来的货船，它们满载着深受欧洲人喜爱的香料、丝绸、瓷器等货物。

这条新兴的国际海上贸易之路让沿岸的国家也成了受益者。不过在欧洲，威尼斯比其他欧洲国家和地区在海洋上更有实力，据说，威尼斯几乎垄断了海上贸易之路。

在东方，日本天皇曾多次派"遣唐使"渡海前往中国，学习中国先进的文化和典章制度。

马可·波罗游中国

马可·波罗是历史上著名的旅行家。据说他在中国生活了17年，他将所见所闻口述出来，由他人笔录整理出著名的《马可·波罗游记》。

我叫马可·波罗，请听听我的故事吧。

在欧洲广为流传的《马可·波罗游记》，虽然被大多数人认为是"天方夜谭"，很不可信，但人们开始对东方产生热烈的向往。

大部分遣唐使会在大唐首都长安生活一年左右，他们要尽快学会想学的中国文化和科技，然后回到故乡。

繁荣的元朝航海业

位于东方的中国，此时正处于元朝时期，国土空前辽阔，航海技术也飞速发展。

码头上，商人们将香料、丝绸、棉花和瓷器等货物运往世界各地。

中国有贯通南北的大运河，河上满载货物的商船川流不息。

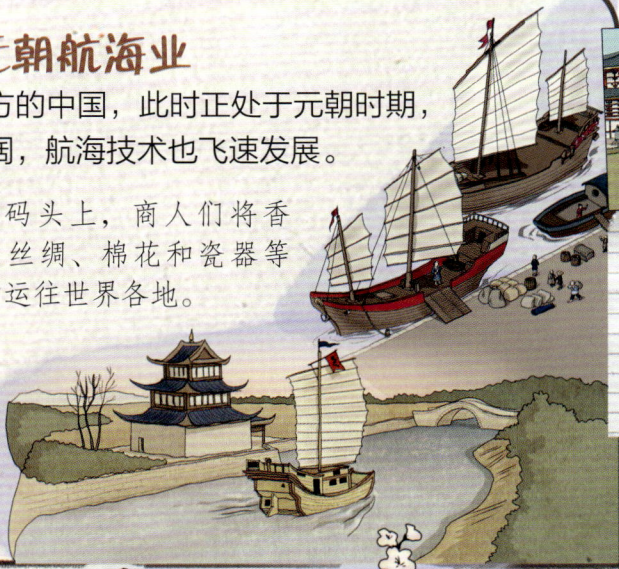

遣唐使回国后，利用自己所学为日本的发展做出贡献。

中国丝绸织造技术

中国的丝绸织造技术已有几千年历史。

中国制瓷技术

中国的瓷器更是精美绝伦——制瓷技术被严格保密，欧洲暂时还无法掌握这项技术。

日本仿唐朝风格建筑

爱打架的英国与法国

"英法百年战争"

在西欧，英国王室和法国王室存在着亲戚关系，英国国王同时也拥有法国王位的继承权。如此一来，王位之争总是频频上演。他们从1337年开始，断断续续地打了百余年战争，被后人称为"英法百年战争"。

导致战争爆发的直接原因竟是因为英国不向法国出口羊毛了。

英国国王爱德华三世的母亲是法国公主，他拥有法国王室血统。爱德华三世为争夺王位，开启了英法两国长达百年的战争。

圣女贞德

这原本是一场王位争夺战，但是到后来，它严重影响到了普通百姓的生活，人民开始起来反抗。战争中诞生了许多平民英雄，其中还有一位女英雄——贞德。

贞德率领军队解救了被英军围困数月的奥尔良城，成了闻名法国的女英雄。后来她还多次带兵打败侵略者，从而帮助法国王子加冕为王。

然而，贞德在一次冲突中被俘虏，敌人宣称她是"魔鬼派来的女巫"，于是判处她死刑。

贞德的死激怒了法国人，法国军队奋勇作战，把英国军队彻底赶出了法国。百年战争以英国战败告终。

玫瑰战争

战败的英国还未完全恢复，国内又爆发了内战——玫瑰战争。玫瑰战争打了30年，最终，金雀花王朝被都铎王朝取代，英国王室变更。英国的"王位纠纷"告一段落。

这漫长的100多年里，其他国家发生了诸多大事件。

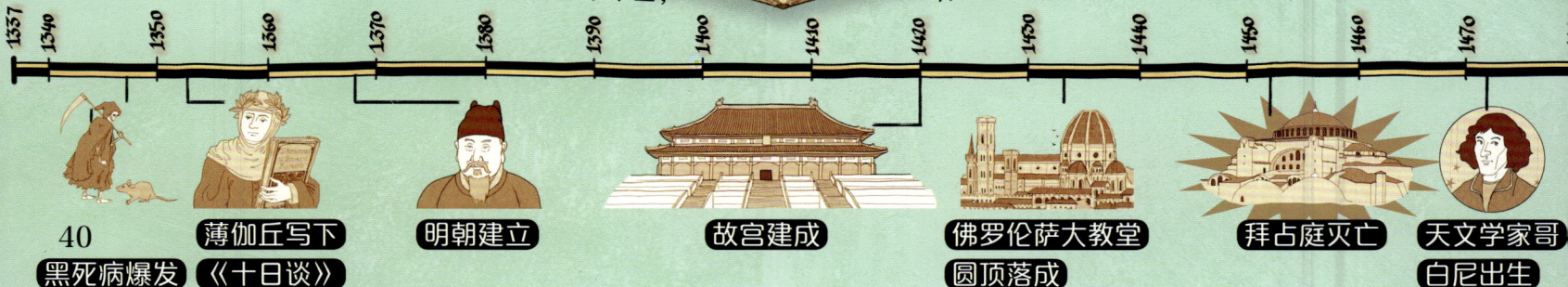

| 1337 | 1340 | 1350 | 1360 | 1370 | 1380 | 1390 | 1400 | 1410 | 1420 | 1430 | 1440 | 1450 | 1460 | 1470 |

黑死病爆发

薄伽丘写下《十日谈》

明朝建立

故宫建成

佛罗伦萨大教堂圆顶落成

拜占庭灭亡

天文学家哥白尼出生

再见了，拜占庭

谁攻破了君士坦丁堡的超级防御墙？

是奥斯曼！

许多人不敢相信拥有强大防御墙的君士坦丁堡会被攻破。千百年来，这套防御系统一直守护着城里的人民。

君士坦丁堡的陷落

还记得罗马帝国的延续——拜占庭帝国吗？就是在东罗马帝国，15世纪初，拜占庭帝国只剩下了首都君士坦丁堡和一小部分领土，而它隔壁的奥斯曼帝国还在不断地东征西讨、扩张地盘。1453年5月，奥斯曼帝国攻陷了拜占庭帝国首都君士坦丁堡，拜占庭帝国灭亡。

拜占庭帝国灭亡后，奥斯曼帝国迁都至君士坦丁堡，并将其更名为"伊斯坦布尔"。

第三个罗马，莫斯科公国诞生

罗马还没灭亡，它在莫斯科公国！

许多学者带着罗马的文明来到了意大利。

中世纪时代结束了

拜占庭帝国的灭亡不仅导致连接欧亚大陆的主要陆上贸易路线中断，还影响了人们的思想、生活和科技发展。

军事方面，大炮和火药开始得到广泛使用。

在欧洲东部的莫斯科公国日渐强盛，被拜占庭末代贵族视为"最后的希望"，并将拜占庭公主嫁给了莫斯科公国的伊凡三世，使莫斯科公国成了拜占庭的合法继承人，所以也有人称莫斯科公国为"第三个罗马"。

拜占庭公主嫁给伊凡三世时，带来了大量书籍，书是在拜占庭帝国灭亡前从君士坦丁堡抢运出来的。这些书籍促进了莫斯科公国的文化发展。

文艺复兴开始了

"文学三杰"

14—16世纪，在但丁、彼特拉克、薄伽丘等文学家的推动下，意大利的文学蓬勃发展起来。这时期，许多学者、诗人都开始研究古籍，文化领域开始百花齐放。

序曲　　第一篇［地狱］　第二篇［炼狱］　第三篇［天堂］

意大利诗人但丁在代表作《神曲》中讲述了主人公游历"地狱""炼狱""天堂"的故事。大胆批判贵族和教会的统治，表达了人文主义思想。

但丁与《神曲》

造纸

活字印刷

绘制插图

图书装订

市场交易

多读书，读好书

随着谷登堡对活字印刷术的发明和改进，欧洲的出版业蓬勃发展，巴黎、里昂逐渐成为当时的出版中心。这时出版的书既有学术著作，也有教科书、小说和诗歌集等。它们是那个时代最伟大的文化使者，让新思想、新知识得以快速传播。

教育家、文学家伊拉斯谟编写的拉丁文课本在16世纪被欧洲各国广泛采用。据说他曾住在印刷商家里，只为亲自负责印刷自己的书。

版画技术

随着印刷技术的发展，版画越来越受欢迎。丢勒是当时著名的版画家之一。

创作凸版版画时，必须用刀在木板上刻去画稿中的空白部分，留下有形象的部分。

彼特拉克也是一位意大利诗人，他对研究古典文化充满热情，是人文主义先驱之一，被授予"桂冠诗人"的称号。他通过长期的实践，不断完善意大利十四行诗体，因此这种诗体也被称为"彼特拉克体"。彼特拉克在《歌集》中用几百首诗热烈地抒写爱情等主题，反映了人们对幸福的渴求。

薄伽丘与《十日谈》

意大利作家薄伽丘最出色的作品是故事集《十日谈》，他在其中揭露了教会的丑闻恶行，倡导人们要热爱现实生活。《十日谈》讲述了在黑死病席卷下的佛罗伦萨，有10位青年男女在一所乡村别墅躲避瘟疫。他们每人每天讲个故事，10天一共讲了100个故事。《十日谈》就由这100个故事组成。

彼特拉克与《歌集》

故事大王莎士比亚

在16世纪的英国，一个非常会写故事的人诞生了！他就是代表着这时期英国戏剧最高成就的莎士比亚。他的戏剧既生动丰富，又充满哲理与诗意。环球剧院、玫瑰剧院等伦敦的大众剧场见证了这些精彩绝伦的表演。他的代表作有"四大悲剧""四大喜剧"等。

"四大悲剧"

《哈姆雷特》 《麦克白》 《李尔王》 《奥赛罗》

"四大喜剧"

《仲夏夜之梦》 《皆大欢喜》 《第十二夜》 《威尼斯商人》

环球剧院

剧院建在泰晤士河南岸，主要上演莎士比亚的戏剧，曾被誉为"泰晤士河岸的光荣"。

《七日谈》

纳瓦尔王后模仿《十日谈》的写作手法，创作了故事集《七日谈》。

《妇女城》

作家皮桑的代表作《妇女城》展示了女性在社会中的重要地位，除此之外，皮桑还写了许多诗歌和散文。

忙忙碌碌的佛罗伦萨

从手工业开始

佛罗伦萨位于意大利中部，它繁荣的商业与发达的手工业为这一时期艺术的兴起创造了条件。

大批帮工、学徒以及失去土地后涌入城市的农民在手工作坊里抓住了机会。他们成为早期雇佣工人阶级，也为佛罗伦萨毛织业的繁荣创造了条件。

佛罗伦萨共和国贸易发达，铸币业也十分兴盛，它的金币弗罗林是欧洲许多国家的通用货币，上面的花纹相当精美。

这批毛织品用了时下最流行的颜色！

不可思议的大圆顶

佛罗伦萨大教堂是意大利建筑的瑰宝。相传在1418年，人们举办了一场关于大教堂穹顶的建筑竞赛。意大利建筑师伯鲁涅列斯基提出的穹顶及其顶塔的建筑方案新颖独特，从众多方案中脱颖而出。

伯鲁涅列斯基首创了集中式教堂形式，这种形式表现出浓重的意大利地方特色，和法国等国的哥特式建筑不同，别具一格。

哥特式的尖屋顶更遵循传统！

但圆屋顶更好看！

圣彼得大教堂

这是欧洲最宏伟的教堂建筑之一。拉斐尔、米开朗琪罗等艺术家参与了设计。这座教堂花费了一百多年的时间才建成。

44

叱咤风云的大家族

美第奇家族是中世纪意大利的著名家族。他们大力支持文学艺术的发展，家族内诞生了许多风云人物，其中最有名的要数科西莫和他的孙子洛伦佐。

科西莫

1434年，科西莫在佛罗伦萨建立僭（jiàn）主政治，美第奇家族对这里的统治自此开始。

后来，科西莫主持了一场盛大的会议——佛罗伦萨大公会议。很多国际上的重要人物都来到这里。科西莫通过这次会议收集了大批图书及手稿，后来还开放自己的藏书室，欢迎人们前来阅读这些珍贵作品。

洛伦佐

1469年，洛伦佐成了佛罗伦萨的统治者。他使美第奇银行遍布欧洲各大城市。他也是很重要的艺术赞助人，很多艺术家都得到过他的帮助和支持。

达·芬奇的画作《蒙娜丽莎》被法兰西斯一世买下，收藏于卢浮宫中。

走进艺术殿堂

雕塑大师米开朗琪罗

米开朗琪罗是意大利伟大的雕塑家，他在24岁时就创作出了让人们赞叹不已的《哀悼基督》。

据说，米开朗琪罗在少年时期就爱好艺术，这让他身为法官的父亲很是不满。但米开朗琪罗不肯屈服，义无反顾地踏入了艺术大门。

雕塑《哀悼基督》

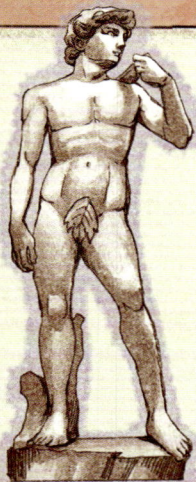

因为没人相信这件杰作出自名不见经传的青年之手，米开朗琪罗一气之下将自己的名字刻在圣母的衣带上，这也是他唯一题名的作品。

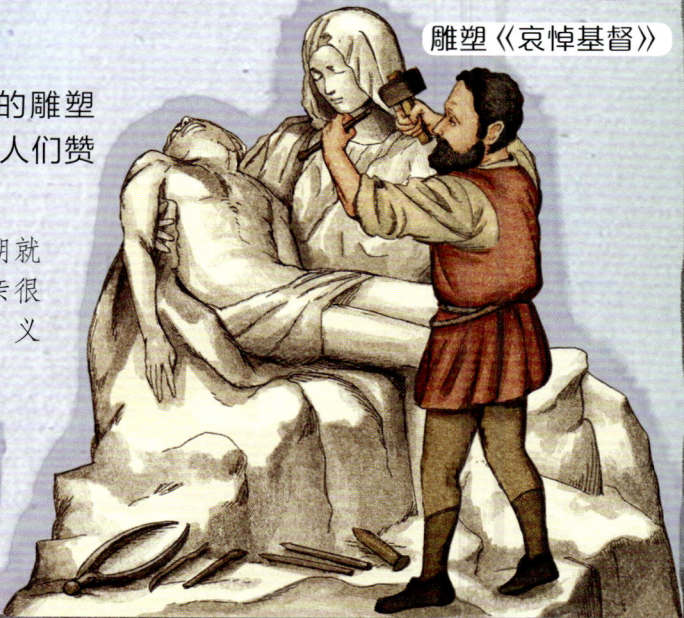

雕塑《大卫》

米开朗琪罗雕刻的《大卫》体格健美，正坚定地望向敌人，一副随时准备投入战斗的模样。

传说，在巨人歌利亚率兵侵袭时，牧羊少年大卫主动上阵，用弹弓和石头打败了巨人。后来，勇敢的大卫成了以色列 - 犹太联合王国的国王。

多那太罗《大卫》　贝里尼《大卫》

许多艺术家都喜欢以大卫的故事为创作题材。多那太罗用青铜雕刻的《大卫》姿态优雅，而贝里尼的《大卫》极具动感，仿佛马上就要抛出石头。

透视法

运用透视法绘画是14世纪起艺术大师们探究出的新手法，他们在墙壁、木板、画布等二维的平面上创造出了一幅幅生动逼真的、看似立体的图像。

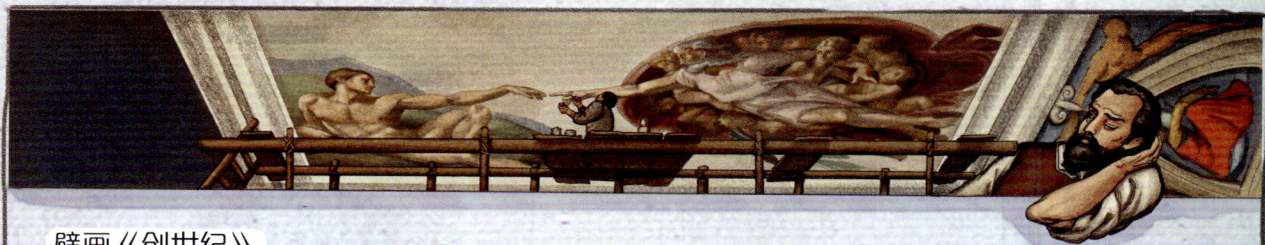

壁画《创世纪》

米开朗琪罗在西斯廷教堂偌大的天花板上描绘了《创世记》的故事。壁画场面宏大，人物众多。其中，壁画局部《创造亚当》尤负盛名。画面里，在天使的簇拥下，上帝即将触碰亚当，为这个年轻人注入生命与智慧。

在创作湿壁画时，画家需要先在墙上抹上泥和石灰浆，然后在半干的墙壁上作画。由于颜料着色后很难修改，所以画家必须一次完成。

湿壁画

蛋彩画

16世纪以前欧洲画家们大都运用蛋彩画法来创作。蛋彩画是用蛋黄或蛋清调和颜料创作而成，颜色鲜亮。

油画

一种用快干油调和颜料作画的方式。色彩效果格外丰富，逐渐取代了蛋彩画，并在西欧各国传开，最终发展成了世界性的重要画种。

"旷世奇才"达·芬奇

达·芬奇是来自意大利的天才画家，他的思维经常在艺术与科学之间不断跳跃，正是这种多元的思维角度造就了这个"全才巨匠"。

油画《蒙娜丽莎》

达·芬奇创作的《蒙娜丽莎》《岩间圣母》和《最后的晚餐》等都是极负盛名的佳作。其中《蒙娜丽莎》被誉为最杰出的肖像画之一，画中蒙娜丽莎的微笑具有超越时空的魅力，远处烟雾般的风景幽远柔和。

维特鲁威人

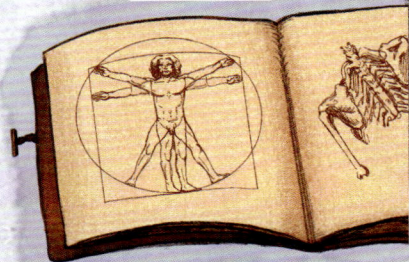

刀轮战车

装甲战车

巨弩

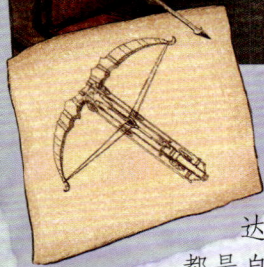

达·芬奇认为力学和数学一样，都是自然科学的基础。通过观测和实验，他总结出了许多力学原理，还设计了精妙的工具和飞行器。

达·芬奇痴迷研究解剖学，为解剖学的发展做出了巨大的贡献。他的画作也因此变得更加精确。

壁画《雅典学院》

古今著名的伟大哲学家们齐聚一堂将会是怎样的情景呢？拉斐尔给出了他的答案。仔细看！他还把自己画进了这场"思想盛宴"中呢！

壁画《三位一体》

马萨乔的壁画《三位一体》是他的代表作之一。在这幅画中，威严的礼拜堂衬托着悬在空中的基督让观赏的人身临其境。

蛋彩画《维纳斯的诞生》

波提切利有许多以古典神话为题材的画作，《维纳斯的诞生》就是代表之一。

油画《巴克斯与阿里阿德涅》

意大利画家提香把威尼斯画派善用色彩的特点发挥到了极致。

出发吧，航海家

万事俱备，启程远航

西欧造船术的进步、地理知识的积累与地圆说的传播，都为欧洲人从事远航提供了条件。

好想去这个地方看看。

马可·波罗

早在 13 世纪，马可·波罗就曾前往东方游历。他的著作《马可·波罗游记》让很多欧洲人对东方产生了浓厚的兴趣。

地圆学说

当时欧洲流行地圆学说，绘制地图的技术很先进。

地理大发现时代来了

过去，西方人主要通过陆路与东方通商。直到 15 世纪中期，奥斯曼帝国攻陷君士坦丁堡，控制了东西方之间的商路。西欧商人很渴望另辟一条通往东方的商路，从而获取黄金与土地，地理大发现时代就此来临。

迪亚士与"风暴角"

一个叫迪亚士的葡萄牙航海家到达了非洲最西南端的岬角，因这里多暴风，他就把这里命名为"风暴角"。到了 1497 年，葡萄牙航海家达·伽马经此通往印度，这里被改称为"好望角"。

哥伦布——把新大陆当成了印度

一个叫哥伦布的航海家带领船队经历了漫长的航行后，终于抵达了一座岛屿。哥伦布以为自己到达了印度，但后来，意大利航海家亚美利哥发现了哥伦布到达的地方并不是印度，而是一个新大陆。这个新大陆被命名为亚美利加洲，简称"美洲"。

这里就是印度吗？

终于抵达了！

他们从哪里来？为什么和我们长得不一样？

达·伽马——向着印度前行

1497 年，达·伽马开始探索通往印度的新航线，他改变了过去航海家沿非洲西海岸航行的路线，而是从欧洲西部向南绕过非洲南端的好望角，开辟了穿越印度洋前往印度的航线。随后，达·伽马的船队满载着货物回到欧洲，为葡萄牙的皇室赚取了巨额利润。

麦哲伦——探寻世界的尽头

麦哲伦带领的船队有五艘船，有二百六十五名船员。

1519 年，一支由航海家麦哲伦带领的船队开始了人类历史上第一次环球航行。

麦哲伦的船队从西班牙起航，穿越大西洋、太平洋，最终抵达了菲律宾。但麦哲伦在菲律宾的一个岛屿上，因为干涉了岛上居民的内部争斗，被当地居民杀害。

剩余的船员最终回到了西班牙，完成首次环绕地球的航行。船队的环球航行加强了世界各大洲之间的联系，同时证明了"地圆说"的正确性。

航海工具

航海家携带了各种航海工具，以防在海上迷失方向。

指南针

指南针由中国传到欧洲后，很多航海家都把它带到船上用来判断航向。

史无前例的哥伦布大交换

地理大发现加强了欧洲、非洲、美洲和亚洲之间的物质交换。在 15 世纪前，欧洲没有番茄、马铃薯等作物，航海家发现了新大陆后，美洲的玉米、马铃薯、番茄、辣椒等作物先后传入世界各地。

地理大发现在欧洲造成的一个经济后果是改变了社会各阶层之间经济力量的对比。资产阶级的经济地位提高，劳动人民因物价上涨，生活变得更加穷困。

马铃薯进入欧洲后，被做成了各种香喷喷的食物。

来自美洲的番茄成为制作番茄酱的原料。

可可的种子经焙炒、粉碎后成为可可粉，是制作巧克力的原料，也可做成美味的饮料。

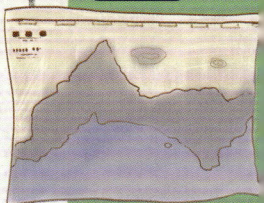

航海图

航海图可以用于航海定位，保证航行安全。

星盘

星盘可以用来测量方位。

49

海上霸权争夺战

西班牙的黄金世纪

到了 15 世纪，西班牙被统一了，成为欧洲极为强盛的国家。经济的繁荣与工商业的发展，为新兴文化的发育提供了一片沃土。

欧洲的殖民者对其他大洲的国家进行疯狂的殖民掠夺。1519 年，西班牙的一个殖民军首领科尔特斯率军向阿兹特克的首都发动进攻并取胜。阿兹特克人惨遭屠杀，城市也被毁坏，之后西班牙人在这片废墟上建立了墨西哥城。

但西班牙政府不断消耗殖民掠夺带来的巨额财富。16 世纪末至 17 世纪初，西班牙国力由盛转衰，"黄金世纪"也因此结束。

欢迎来英国

15 世纪中后期，亨利七世建立了都铎王朝。1509 年，第二代国王亨利八世即位，他不断强化王权、发展经济，文学、绘画等艺术也得以发展。

亨利八世想与妻子凯瑟琳离婚，但遭到了罗马教皇的阻挠。为了脱离教皇的管束，他创立了英国国教。

美洲的另一古国印加帝国在 1533 年被皮萨罗所率西班牙殖民者灭亡。皮萨罗掠夺了大量黄金，后又杀害印加国王，印加帝国灭亡。

随着海上贸易迅速发展，英国羊毛出口业和毛织业勃然兴起，为英国贵族带来了丰厚收益。为了发展羊毛业，他们强占公用地和农民土地，令农民们流离失所。莫尔在著作《乌托邦》中用"羊吃人"来讽刺此次圈地运动。

1558 年，亨利八世的女儿伊丽莎白一世即位，她推行了一系列有助于国家富强的政策。

在《乌托邦》中，莫尔描绘了一个文明开化的社会。后来"乌托邦"就成了人类理想家园的代名词。

这些殖民军刚入城时，我们热情地接待他们，没想到他们竟然占有我们的土地，杀害我们的同胞。他们真是"野蛮人"哪。

手工工场的发展

随着海外贸易的扩大和毛纺织业的发展，手工工场也得到进一步发展。

有些工场主为了提高生产效率，把工人都集中安排在同一个工场内进行生产。还有一些手工业工人接受商人的订货在自己家里劳动，商人由此可以获取丰厚利润。

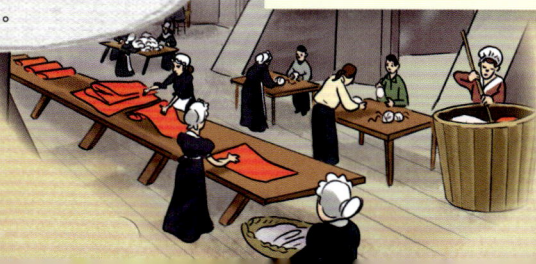

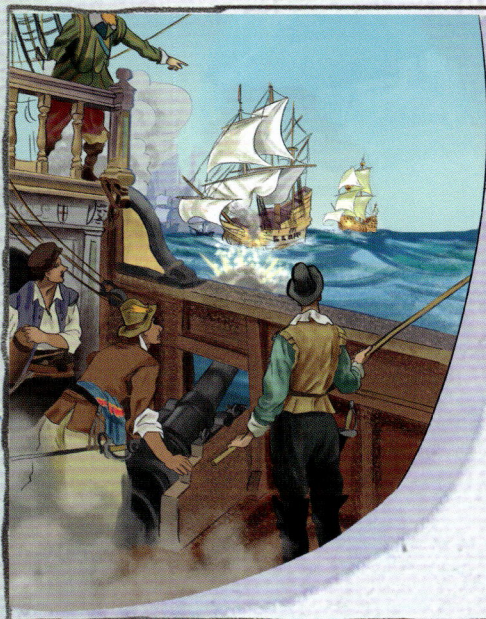

海盗肆虐

16 世纪中叶起，英国经常在西班牙的殖民地进行走私贸易。英国航海家德雷克在女王伊丽莎白一世的资助下，率船队赴美洲，袭击西班牙的殖民地，并获取了大量财富。

无敌舰队的惨败

英国经常抢劫西班牙的船队，西班牙的国王非常愤怒，建立了"无敌舰队"，向英国发起了进攻。谁知英国采用了火烧连船的战术，大败"无敌舰队"。

"无敌舰队"在返航途中又遇到了风暴，损失惨重，从此西班牙的海上霸主地位逐渐被英国取代。

"海上马车夫"

尼德兰最初受西班牙统治，西班牙的封建专制统治阻碍了其发展。人们不想再被统治，掀起革命，成立了荷兰共和国（尼德兰联省共和国）。

后来，西班牙终于与荷兰签订了停战协定，实际上是承认了荷兰的独立。

荷兰曾是海上强国，造船业发达，其船只通往世界各地，有"海上马车夫"之称。

三角贸易背后的故事

16—19 世纪，欧洲殖民者从非洲掠夺大量黑人，贩运至美洲作为奴隶高价出售。他们把非洲、欧洲和美洲之间的贸易串联起来，形成当时盛行的三角贸易。

不少黑人还没有抵达美洲就因患病而被扔到海里。

殖民者在船上装载了大量商品。

船只往往成倍超载，在前往美洲的途中，船舱里空气污浊，黑人就像货物一样挤在船舱里。

幸存的黑人抵达美洲大陆后，被当作奴隶卖到种植园种植作物或矿山挖矿。他们生产了大量殖民者需要的棉花、烟草等商品原材料，使殖民者获取了丰厚的利润。

快点儿，好好干活儿！

51

新思想的传播者

52

法国启蒙运动的重要人物，著作《论法的精神》在当时被誉为"理性和自由的法典"。

"驱逐黑暗"的启蒙家

在 17—18 世纪的欧洲，一场反封建的思想文化运动开始了。当代人用"启蒙时代"指称那段特殊的历史时代。一些启蒙思想家宣扬自由、民主、平等和法制等思想，热情地"启蒙"百姓，致力于让他们摆脱蒙昧的状态。

法国启蒙运动的领袖和导师。

爱尔维修

孟德斯鸠

洛克

亚当·斯密

大卫·休谟

伏尔泰

又来了一封信？

康德

他认为人是环境与教育的产物。

他认为人出生时心灵就像一张白纸，所有观念和知识都来自经验。

被誉为"现代经济学之父"。

他主张知识来源于经验，撰写著作《人性论》。

德意志哲学革命的开创者，主张自由平等。

启蒙思想家主张传播理性与科学，他们把自己的观点写成书，然后出版，用以传播自己的思想。

其实，比起战争我更喜欢艺术。

腓特烈大帝

叶卡捷琳娜

"误生于王家"的国王

这段时期，许多开明的君主都对启蒙思想很感兴趣，普鲁士国王腓特烈大帝将普鲁士从德意志的一个邦国变成欧洲强国的同时，还提倡发展文化和艺术。他曾与伏尔泰等名人结交，认为自己是"误生于王家"的艺术家。

腓特烈大帝的艺术生活

腓特烈大帝多才多艺，曾亲自为自己的夏宫——无忧宫绘制草图。无忧宫建成后，他曾邀请伏尔泰来这里居住。

腓特烈大帝常举行聚会，与学者们讨论各种问题。他还曾邀请数学家拉格朗日来普鲁士。

不读书的人，就会停止思考。

我写的内容会出现在哪页呢？

卢梭

狄德罗

达朗贝尔

我负责撰写"数学"与"自然科学"条目。

狄德罗的父亲是一位刀匠，因此《百科全书》中"手工艺"一词由狄德罗负责。

法国启蒙思想家卢梭为《百科全书》撰写了音乐和政治经济学等条目。除此以外，在著作《爱弥儿》中，他对扼杀人的天性的封建教育进行了批判，主张儿童的天性应自由发展。1762年，他又出版了《社会契约论》，阐述了人生而平等自由的观点。

一起写《百科全书》

《百科全书》是法国启蒙运动最具影响力的出版物之一，由狄德罗、达朗贝尔、伏尔泰、卢梭等科学家和哲学家耗费二十年完成，内容包括自然科学和社会科学的各种知识。

了不起的女君主

叶卡捷琳娜是俄国的一位女皇，史称"叶卡捷琳娜大帝"。她原本是彼得三世的妻子，后来发动政变，成了新沙皇。在位期间她不仅治国有方，使俄国成为当时的强国，还热衷于与启蒙思想家保持通信联系。她曾与伏尔泰和狄德罗等人通过信，也邀请过欧拉等数学家来圣彼得堡做客。

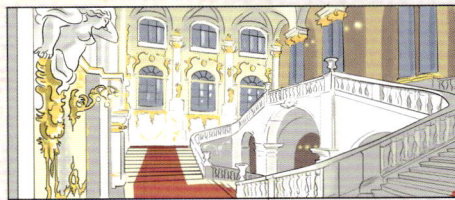

叶卡捷琳娜大帝喜欢将购买的精美藏品存放在她的私人宫殿中，这座宫殿后来成为艾尔米塔什国家博物馆（"世界四大博物馆"之一）的一部分。

艾尔米塔什国家博物馆就位于圣彼得堡。

彼得大帝

俄国在叶卡捷琳娜前还有一位被授予"大帝"称号的沙皇——彼得大帝，他学习西欧国家，在国内进行改革，为近代俄国的发展打下了坚实的基础。

圣彼得堡

彼得大帝下令建了一座海港城市，这座城市的名字就叫作圣彼得堡。1712年，彼得大帝把俄国首都从莫斯科迁到了圣彼得堡。1918年，俄国首都又迁回莫斯科。

启蒙运动进行时

英国，启蒙运动的先驱

启蒙运动对很多国家都产生了深远的影响，其中英国是最先进行启蒙运动的国家。

> 英国会越来越自由！

17 世纪末，英国刚完成不流血的"光荣革命"，并颁布了《权利法案》，资产阶级民主政治确立了。

启蒙运动涉及哲学、科学、文学、美术、经济等方面，主张传播理性与科学，以启迪人们的思想。

法国，启蒙运动的中心

> 请叫我太阳王！

17 世纪时，法国处于君主专制的鼎盛时期。在国王路易十四的努力下，法国的疆域扩大了不少，工商业得到发展，艺术也非常繁荣。

18 世纪时，法国的思想家们考察了英国等国家的制度后，把启蒙运动推向高峰。

沙龙是法国启蒙主义者谈论想法的好地方，启蒙思想就是在这里被不断地辩论、传播的。

路易十四建立了豪华的凡尔赛官，这里成了法国乃至欧洲的贵族活动中心和艺术中心。

> 我会说法语！

> 真厉害！

18 世纪时，法语已变成国际上通用的外交语言，当时的欧洲上流社会以会说法语为荣。

德意志迎来启蒙之光

继英国、法国之后，启蒙思想的光芒开始笼罩在德意志的土地上。德意志的启蒙运动开始了！

> 只有自由才能造就巨人和英雄。

德意志最早正式实行义务教育。在德意志的邦国普鲁士，教育大臣威廉·冯·洪堡致力于教育改革，认为人人都应受教育。1809 年，他创立了"现代大学之母"柏林大学。

繁荣的艺术

启蒙运动时期，人们不仅迎来了巴洛克艺术、洛可可艺术，还迎来了新古典主义美术！

巴洛克艺术发源于意大利，有豪华、奔放、浮夸等特点，在17世纪风靡整个欧洲。渐渐地，人们厌倦了巴洛克艺术，开始尝试细腻柔媚的洛可可艺术。

后来，人们又希望从希腊美术和罗马美术中寻求新题材，于是新古典主义美术诞生了！它被认为是与启蒙运动和理性时代相适应的美术流派，代表作品是《马拉之死》。

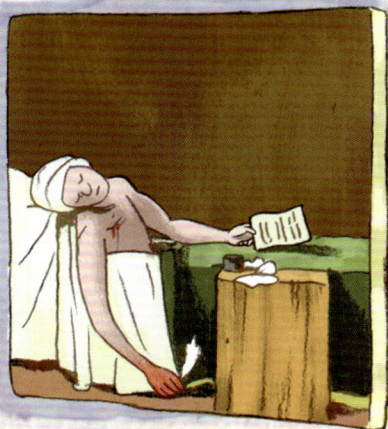

奥地利作曲家海顿确立了近代交响曲体裁及形式的规范，他被称为"交响曲之父"。

这个时期还诞生了许多伟大的文学家，文学界也变得丰富多彩起来。

在这一时期，还出现了许多伟大的音乐家。

奥地利作曲家莫扎特是个音乐天才，他在短暂的一生中创作出大量的音乐作品，代表作有《唐璜》《魔笛》等。

英国作家笛福59岁开始写小说，其第一部小说《鲁滨孙漂流记》描写了鲁滨孙在海上遇险，流落荒岛28年的故事。

德意志作曲家贝多芬28岁时发现自己有了听觉障碍。后来，尽管双耳都听不见了，但他还是创作出很多经典的作品。

英国作家斯威夫特最著名的作品是《格列佛游记》，讲述了格列佛去小人国、巨人国等地冒险的故事。

先进的科学

启蒙时代不仅诞生了大批思想家和艺术家，还诞生了许多伟大的科学家。

牛顿是英国伟大的物理学家、数学家和天文学家，他在数学、力学、光学等领域的研究都取得了重要进展。

笛卡尔是西方近代哲学创始人之一，也是解析几何学的创始人。他最早提出用x、y和z来表示未知数。

据说笛卡尔通过观察苍蝇的飞行轨迹，发明了直角坐标系。

法国化学家拉瓦锡确定了氧是一种元素。

荷兰显微镜学家列文虎克磨制出放大率达270倍的显微镜。

英国化学家和物理学家道尔顿提出了原子论。

$$\int_a^b f(x)\,dx = F(b) - F(a)$$

美国的诞生

启蒙思想的延续

　　欧洲启蒙思想对北美的独立战争产生了十分深远的影响。启蒙运动在北美得到传播，杰斐逊、富兰克林等人都是北美的启蒙学者。

　　17—18世纪，英国在北美建立了13个殖民地（美国国旗最初的13颗星星就是这么来的）。七年战争后，英国决定把沉重的军费负担转嫁给北美殖民地，这让生活在殖民地的人们很不高兴。

　　1773年，为抗议英国政府加收茶税的做法，北美波士顿居民伪装成印第安人，登上停在波士顿港的英国货船，将茶叶都倒入海中。这就是著名的"波士顿倾茶事件"。

小朋友不要模仿哟！

富兰克林
美国资产阶级政治家、思想家和科学家。他曾几次作为殖民地的代表到英国谈判，此外他还是研究电学的先驱者，做过著名的"风筝实验"。

为什么我们要加税？这太不公平了！

杰斐逊
他起草了《独立宣言》，后任美国第三任总统。

华盛顿
美国独立战争大陆军总司令、第一任总统。

列克星敦的枪声

　　"波士顿倾茶事件"后，双方不断发生冲突。两年后，列克星敦和康科德的当地民兵伏击了突袭的英军。独立战争的序幕由此揭开！

美国独立了

　　1776年，第二届大陆会议通过了《独立宣言》。北美13个殖民地正式独立。美利坚合众国（美国）诞生！

　　《独立宣言》由杰斐逊起草、亚当斯和富兰克林修订，于7月4日（今美国国庆日）正式通过。

签订《巴黎和约》

　　法国与美国订立同盟，法国开始支持独立战争。1783年9月，英国承认美国独立。英美在巴黎签订《巴黎和约》。

三权分立

　　1787年，各州代表齐聚费城，召开会议，制定宪法。美国宪法肯定了启蒙思想家孟德斯鸠的三权分立原则，规定立法、司法与行政三权分别由三个机关独立行使，并相互制衡。

法国大革命与拿破仑时代

法国社会的三个等级

教士
贵族
市民

革命的开端

路易十六登基后，法国负债累累。路易十六被迫召开三级会议以维护自身特权，拒绝了市民的改革要求，于是市民自己组建、召开国民议会。

1789 年，巴黎人民起义，攻克了象征封建统治的巴士底狱，法国大革命开始了。同年，制宪会议通过了《人权宣言》。1792 年 9 月，法兰西第一共和国成立。后来，国民公会以叛国罪判处路易十六死刑。

改变法国的拿破仑

法国大革命开始后，欧洲其他一些国家结成第一次反法联盟，对法国宣战。就在法国陷入内忧外患之时，拿破仑渐渐崭露头角。

他不仅多次打败反法联盟，甚至还灭亡了威尼斯共和国等国家。1799 年，拿破仑发动了雾月政变，当上了法国第一执政者，法国大革命结束了。

1804 年，拿破仑在巴黎圣母院加冕称帝，史称拿破仑一世。法兰西第一帝国正式建立。

拿破仑的成与败

到了 1809 年 10 月，拿破仑几乎统治了整个西欧和中欧。但好景不长，在 1813 年，第六次反法联盟在莱比锡战役中击败了拿破仑。之后，他被流放到厄尔巴岛。

决定命运的滑铁卢战役

1815 年，拿破仑回到巴黎，重掌政权。但第七次反法联盟在滑铁卢大败拿破仑，使他再次被流放。

跌宕起伏的大革命

1815 年拿破仑下台后，法国经历了几次帝国复辟，最终艰难地建立了民主共和国。

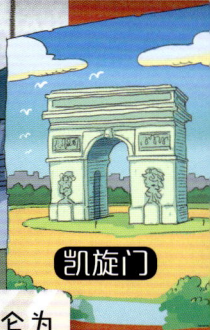

开启工业时代

工厂诞生了

从 18 世纪下半叶到 20 世纪初，欧洲各国和美国先后进行了工业革命。资产阶级建立起工厂，应用了新的工具，提高了工人的生产效率，从此物品的生产速度变得飞快。

不断壮大的"世界工厂"

19 世纪 40 年代，英国的工业革命基本完成。英国成了世界上最强大的工业国，全世界到处都能看到英国人制造的产品。与此同时，法国、德国、美国等国家也先后开始了工业革命。

工作环境太恶劣

工人们时常面临超长的工作时间和恶劣的工作环境，甚至一天到晚只能守在工厂的机器旁边。超负荷工作让那些来自普通家庭或者穷苦家庭的工人生活得更加困苦。

这时期，文学艺术也发生了变化。

工人很容易受伤，有时甚至会因伤丧命。

妇女为了生计，也进入工厂从事纺织工作。

代表作家和作品

浪漫主义文艺思潮 浪漫主义是文艺的基本创作方法之一，与现实主义同为文学艺术上的两大主要思潮，常用瑰丽的想象和夸张的手法来塑造形象。

代表画家和作品

雨果 《巴黎圣母院》 歌德 《浮士德》 李斯特 舒曼 肖邦 舒伯特

代表音乐家

德拉克罗瓦 《自由引导着人民》

19世纪，世界上发生了这些大事。

克里米亚战争爆发

1853年，英国、法国等国家与俄国之间爆发了克里米亚战争。南丁格尔率领三十多名护士前往战场救护伤员。1963年，国际护士会为了纪念南丁格尔，决定把她的生日——5月12日定为"国际护士节"。

美国南方开战了

1861年，美国南北战争爆发。期间，美国总统林肯发表了促进战争形势改变的《解放宣言》草案。经过这次战争，美国废除了奴隶制，为经济的迅速发展创造了条件。

普鲁士王国变身德意志帝国

1870年，法国向普鲁士宣战。战争开始后不久，因普鲁士屡战屡胜，法国很快就投降了。打败法国后，普鲁士王国在王朝战争胜利和兼并南德各邦的基础上，建立了德意志帝国。

日本天皇夺回统治权

1868年，日本的幕府统治结束了。天皇掌握统治权，成立了以天皇为首的新政府。明治政府成立后，着手实行了资产阶级改革，史称"明治维新"。

崛起吧，工人们

很多工人为了改变严酷的生存环境，决定奋起反抗。不久，由马克思、恩格斯起草，第一次对无产阶级的思想体系作了系统表述的《共产党宣言》正式出版，标志着马克思主义的诞生。1864年，一些工人代表联合起来成立了国际工人协会，后称为"第一国际"。

在矿场，工人们深入地下采矿，然后再把采掘品送到工厂里。

工厂主大量使用童工，让他们在矿道里来回运煤，严重摧残了这些儿童的身心健康。

这些饭根本不够吃。

有的工厂主会给工人们安排食宿，但是饮食和居住条件非常差。

现实主义文学

一种侧重反映和描写现实生活的文学艺术。代表作家为巴尔扎克，作品有《人间喜剧》。

印象画派

该画派主张表现物体的色彩在光的照射下发生的微妙变化。代表画家是莫奈，作品有《日出印象》。

后印象画派

该画派更强调画家的主观感受。代表画家是凡·高，作品有《向日葵》《星夜》。

59

改变生活的新发明

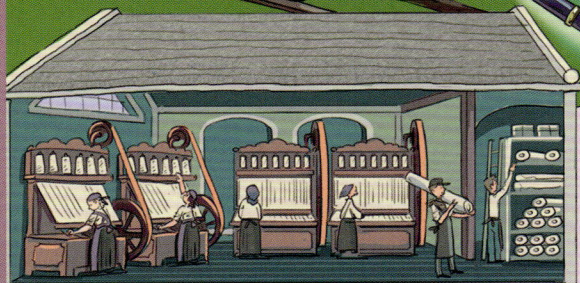

蒸汽机

瓦特对纽科门大气式蒸汽机进行了多次改良，终于把蒸汽机的工作效率提高了。从此，蒸汽机可以被普遍应用到更多领域，成为了世界上重要的原动机之一，蒸汽机车、蒸汽机船等新发明也随之诞生。

纺纱机

哈格里夫斯、阿克莱特等人先后发明出了珍妮纺纱机、水力纺纱机和走锭纺纱机等机器，提高了工人纺纱的速度，推动了纺织工业的发展。

蒸汽机车

工程师斯蒂芬森设计了一列蒸汽机车，它可以载着乘客在公共铁路上行驶。蒸汽机车试运行成功后，铁路运输很快成为陆上主要运输方式，各国掀起修建铁路的热潮，人们的出行变得越来越方便、快捷了。

电报机

莫尔斯制成的电报机使电报通信方式迅速发展起来。

电话

贝尔发明了电话，人们可以通过电话与亲朋好友直接联系了。

飞机

20世纪初，美国的莱特兄弟驾驶飞机成功飞向了天空。飞机早年多用于军事，后来经过多次改良才广泛用于交通运输。从此，飞机也像汽车和火车一样，成了人类常用的交通工具。

发明大王就是我！

白炽灯

以前，人们在室内只能用油灯、蜡烛等照明工具，很不方便。后来，"发明大王"爱迪生开始对白炽灯丝进行研究，并成功制成了具有实用价值的白炽灯。

爱迪生是电气时代的一位重要人物。他小时候很穷。据说，为了谋生，他经常在火车上卖报纸和杂志。他还喜欢在火车上做各种各样的实验。虽然他被火车上的工作人员赶下了车，但他仍然没有放弃。长大后，他长期致力电学方面的实验、研究和发明，拥有留声机、蓄电池、白炽灯等1000多项发明专利。

炸药

瑞典化学家诺贝尔在1862年完成了第一次爆炸实验，又在次年获得了瑞典炸药专利。在克服重重困难后，诺贝尔研制出了稳定性更强的炸药。

诺贝尔曾立下遗嘱，用大部分遗产成立一个基金会，每年颁发奖金给在前一年为人类作出杰出贡献的人。1900年，瑞典按其遗嘱设立了诺贝尔奖。

除了我，还有很多物理学家也获得过诺贝尔奖，你知道都有谁吗？

汽车

德国工程师本茨制造出了一辆由内燃机驱动的机车。很快，工程师戴姆勒就用一辆马车改造出了四轮汽车。1903年，美国汽车制造家福特创建了福特汽车公司，并在1913年建成世界上第一条流水作业生产线，提高生产效率，普通人也能把汽车用作日常交通工具了。

地铁

世界首条地下铁道诞生在英国的首都伦敦，据说建造它的原因是为了解决交通堵塞问题。

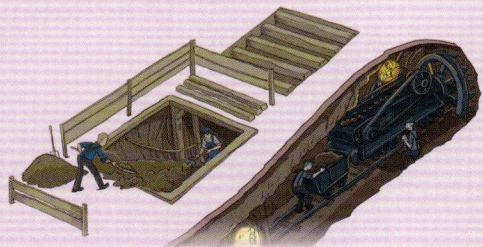

居里夫人是著名的物理学家、化学家，也是历史上第一个获得过两项诺贝尔奖的人。她和丈夫皮埃尔·居里对放射性现象进行了研究，还发现了两种新元素钋和镭。

改变世界的新发现

行走在生命迷宫里

生物学和医学领域的科学家逐渐发现了生命的更多秘密。

英国博物学家达尔文在《物种起源》一书中阐述了他的进化学说。他认为，大自然中的生物都必须"为生存而斗争"。

摩尔根是美国的一位遗传学家，他在一次研究中发现了白眼果蝇，又研究出白眼的基因在染色体上，从而发现了生物遗传的秘密与染色体息息相关，并以此发展了遗传的染色体学说。

揭秘人类起源

这个时期，考古学家在地球上发现了大量形态特征与人相像的化石，极大地丰富了人们关于人类起源的认识。

生理学家巴甫洛夫给小狗喂食的时候发现了小狗的唾液分泌现象。后来，他做了一系列实验，由此提出了条件反射学说，证明了人和动物可以适应不断变化的环境。

加拿大解剖学家步达生对在中国周口店发掘出的开齿化石进行了研究，将其定名为"北京中国猿人"，俗称为"北京人"。

心理学家弗洛伊德对梦非常有研究，他在研究精神病患者的过程中发现了梦是人类潜意识的表现，由此创作了心理学著作《梦的解析》并提出了心理分析学说。

英国科学家弗莱明在实验室里清洗细菌培养血时，意外发现里面出现了一些不寻常的霉菌。弗莱明从中分离出一种物质，并称之为青霉素。

探索遥远宇宙

科学家对宇宙的探索不断深入，不仅发现了宇宙起源的秘密，还发明了火箭，尝试着飞向广袤神秘的太空。

美国工程师戈达德研制的世界上第一枚液体火箭试飞成功，他被誉为美国"火箭之父"。

美国科学家哈勃是观测宇宙学的开创者之一，他提出了著名的哈勃定律。

研究神秘的微观世界

微观世界的发现使物理学家看到了更多可能性，以量子力学和相对论为标志的现代物理学诞生了。

20世纪最伟大的科学家之一——爱因斯坦在1905年提出了大名鼎鼎的狭义相对论。在1916年，爱因斯坦又提出广义相对论，彻底颠覆了人类对时空的认识。

量子力学是研究微观粒子运动规律的学科，它是20世纪物理学的基础理论之一。海森堡、爱因斯坦和薛定谔等人都为推动量子力学的发展做出了巨大贡献，并分别获得了诺贝尔物理学奖。

我们都获得过诺贝尔奖！

海森堡
（发展量子力学）

爱因斯坦
（成功解释光电效应）

薛定谔
（发现和应用新型原子理论）

寻找世界尽头

人们能抵达的地区越来越广，在探索过几个大洲后，探险家又把目光放在了地球的两极——南极和北极。

1909年，美国探险家彼利首次成功抵达地理北极。

1911年，挪威的阿蒙森探险队首次到达南极，成了第一支到达南极的队伍。

席卷全球的超级大战

萨拉热窝是个火药桶

德国

奥匈帝国

意大利

　　20世纪初是战火弥漫的时期，帝国主义国家都想扩大自己的势力范围，世界各地战争频发，弥漫着异常紧张的气息，一场大战一触即发。

　　1914年，奥匈帝国与塞尔维亚的矛盾日益严重，帝国的皇储弗兰茨·斐迪南大公为了向塞尔维亚炫耀武力，决定带着妻子前往波斯尼亚检阅军队。就在车队经过萨拉热窝时，当地的一个青年人突然冲上去刺杀了斐迪南大公和他的妻子，这就是历史上著名的"萨拉热窝事件"。

第一次世界大战爆发

英国

法国

俄国

　　"萨拉热窝事件"过后，奥匈帝国以皇储被刺杀为由，向塞尔维亚宣战。本来这只是两个国家之间的纷争，但是很多国家都企图借机扩大本国势力范围，纷纷加入了这场战争。

霞飞将军

　　1914年，第一次世界大战正式爆发了。战火遍及欧洲大陆，受到波及的人口达15亿以上，这就是第一次世界大战。

　　马恩河会战是英法联军同德军于1914年和1918年在法国马恩河地区爆发的两次战役。在第一次战役中，法国的霞飞将军成功阻止了德军的进犯，破坏了德军的计划，从此战争进入了双方僵持阶段。

　　凡尔登战役是第一次世界大战中最残酷的战役之一。由于士兵伤亡惨重，凡尔登战役也被称为"绞肉机"。

　　为了争取国际地位，抑制日本在中国势力的发展，1917年，中国也向德国和奥匈帝国宣战，加入协约国方面。

第一次世界大战中，飞机首次大规模参加战争。除了进行侦察外，还用以实施轰炸。

飞机

从天空打到海里

在长达四年多的第一次世界大战中，战争领域不仅包括陆地和海上，还扩展到了天空和水下。

士兵们驾驶飞机，从空中投下一颗又一颗炸弹，整个战场瞬间会被夷为平地。

空中

士兵挖掘了长长的堑壕，白天与敌军对峙，晚上就睡在堑壕里。士兵在堑壕里能够运送食品、弹药等，还可以传递命令或消息。

陆地

英国制成了世界上第一辆坦克，从此坦克成为军队作战的主要战斗车辆之一。

坦克

毒气与防毒面具

德军在战争中施放了大量毒气，为了防止吸入，士兵会戴上特制的防毒面具。

水下

各国之间还发生过多次海战，其中德国和英国的舰队在日德兰半岛附近的海域进行了规模最大的海战，史称"日德兰海战"。在水下，德国实施了无限制潜艇战，利用潜艇探测海面上的船只，从而发动攻击。

潜艇

这是一种能潜入水下活动和作战的舰船，可以攻击水面上和陆上重要目标，装备了火炮、鱼雷等。

战争后的世界变化

德军的潜水艇无差别地攻击各种船只，连当时没有参加战争的中立国的船只都被击沉了。随后，美国以此为借口向德国宣战，也加入了战争。

1917年，第一次世界大战进入尾声。这时德国的实力已经被大大削弱。很快，德国的政府代表和协约国代表在法国的雷道车站里签署了停战协定，德国宣布投降，第一次世界大战正式结束了。

在战争结束之后，战胜国与战败国各自派出的代表聚集在法国的凡尔赛宫，召开了巴黎和会。战胜国与德国签订了《凡尔赛和约》。从此，世界格局发生了重大的变化。

鱼雷

鱼雷是一种能在水中自动导向、推进并攻击水面或水下目标的武器。

美国从战争中获取暴利，一跃成为世界经济强国。

俄国开展了十月革命，成立了以列宁为领导的苏维埃政府，世界上第一个社会主义国家诞生了。1922年，俄罗斯、白俄罗斯等四个苏维埃社会主义共和国成立了联盟，简称苏联。

从繁荣到危机

繁华的都市生活

在 20 世纪，人们的城市生活发生了翻天覆地的变化，一些城市的规模逐步扩大，发展为繁华的大都市。

在大都市里，到处都可以看到连锁店和商品广告，去百货大楼购物是人们最喜欢的消遣方式之一。

这一时期，来到城市定居的人越来越多。钢架结构和玻璃外墙的应用，使人们能建造出更高的楼房，有的城市里甚至出现了摩天大楼。

可怕的经济大萧条

到了 1929 年，美国社会出现了一次严重的经济危机，并蔓延至全世界大部分国家，长达数年的经济大萧条来临了。银行和企业纷纷破产，工人、农民和一些资产阶级的收入大幅下降，消费水平迅速降低。

在大城市的街道上可以看见私家汽车，公共交通工具也在公路和高架铁路上忙碌地行驶。

商人手中的商品被大量积压，又不愿低价出售或赠送给贫困人群，只能将过量生产的商品销毁。

城市里随处可见流浪者，他们希望在其他地方找到工作，还有很多人排队去领取每天的救济食品。

美国一位叫罗斯福的人当选为总统。他通过实施一些政策帮助美国渐渐走出经济危机，这些政策被称为"罗斯福新政"。

给失业者最低限度的救济，让很多家庭不再挨饿。

招收失业工人植树造林、筑路架桥，让他们重新走上工作岗位。

走进家庭的新科技

在 20 年代，批量生产的空前发展使得科技产品的价格越来越低，普通人的生活方式也发生了巨大变化。

夏天，空调让室内变得不再炎热。

人们把吸尘器、电冰箱和洗衣机等家电买回家，做家务方便了很多。

电影的诞生

法国的卢米埃尔兄弟把电影带到了世界上，他们制造出能将影像放映在银幕上的"电影放映机"。1895 年首次在公共场合放映了影片，这一天标志着电影时代的开始。

"默片时代"

最早的电影都是无声的，这段时期被称为"默片时代"。该时代的代表人物卓别林的诸多作品风靡全球。

彩色电影

1935 年，彩色胶片出现，让电影在会"说话"后又增添了色彩。

有声电影

后来，人们给电影添加了声音。1928 年的《纽约之光》被认为是第一部"百分之百的有声"影片。

让世界收到新信息

20 世纪以来，随着广播、电视等电子媒介的诞生和发展，人们可以更快、更广地接收到新鲜的信息了。

无线电广播成为一种大众传播工具。人们可以在家里打开收音机，收听新闻和各种广播剧。

1925 年，"电视之父"贝尔德尝试举行一次电视表演，并在实验室接收到色调明暗对比较清晰的图像。1936 年，英国广播公司正式播出了电视节目，这是电视事业的开端。

"爵士乐时代"

这段时期，以爵士乐为代表的新艺术频繁诞生，因此这一时期也被称作"爵士乐时代"。

时尚潮流

一些女性穿上了新潮的服装，引领了当时的着装风尚。

节奏轻快的踢踏舞表演无论是在剧场还是在街头都广受欢迎。

踢踏舞

67

第二次世界大战来了

战火再燃

经济危机影响了很多国家，很多德国民众纷纷失业，生活困苦不堪。这时，"纳粹党"的党魁希特勒趁机煽动民众情绪，获得了广泛支持，成为德国元首。

希特勒执政后，德国建立了法西斯政权，并撕毁《凡尔赛和约》，要求重新瓜分世界。后来，德国与意大利和日本结成了德意日侵略集团。

战舰
海军的重要作战装备之一。

雷达
一种利用电磁波探测远距离目标的军用电子装备，用于武器控制、炮位侦察、投弹瞄准等方面。

从"闪击战"开始

1939年，希特勒命令德军对波兰发起突然袭击，意在挑起世界大战，妄图统治欧洲。波兰措手不及，全国陷入一片混乱。

德军的作战方式是集中优势的军事力量突然发动袭击，迅速摧毁对方的防御，使其丧失抵抗能力。这种方式也叫"闪击战"。

第二次世界大战全面爆发，很多国家都加入了这场战争。第二次世界大战分为两个阵营，德国、意大利和日本等轴心国为一方，中国、苏联、美国、英国等同盟国为另一方。

莫斯科保卫战

1941年，德军对苏联的首都莫斯科发动了突然进攻，但是苏联军队和人民誓死反击侵略者，粉碎了希特勒的计划。

通信保密和密码破译
这是一条斗争激烈的隐蔽战线，美军在中途岛战役中利用密码破译技术，获取了日军的无线电报内容，从而顺利击败了日军的主力。

轰炸太平洋舰队

日本在亚洲及太平洋地区发动了多次侵略战争，中国各族人民积极开展抗日战争，使日军侵略中国的战争陷入了僵局。

1941年，日军偷袭了美国在夏威夷珍珠港的舰队，使得美国、英国等国纷纷向其宣战。在美军的反击下，日军遭到重创。

建立反法西斯联盟

德国和日本等国家的大肆侵略威胁着世界各国的独立和主权。中国、美国、英国、苏联等几十个国家决定联合起来，一起向侵略者展开反攻，并签署了一个共同宣言，即《联合国家宣言》。

诺曼底登陆

之后，英国和美国等国家的军队从法国诺曼底登陆，对德军进行反击。这场战争对击溃德军起了重大作用。

据说为对付英军和美军登陆，德军利用自然地形设置了很多障碍物和大量地雷，但他们却忽略了诺曼底一带的防御。

战争结束

接下来，各国军队纷纷深入德国腹地，包围了德国的首都柏林，德军停止抵抗，正式宣布无条件投降。

德国元首希特勒和妻子在德军投降前夕于柏林双双自杀。

这时，日军却仍然在做最后的抵抗。为了早日结束战争，美国先后在日本投下了两颗原子弹，使日本民众伤亡惨重，日本最终宣布无条件投降。至此，第二次世界大战结束了。

漫长的战争结束后，很多国家共同建立了联合国，这对维护世界和平与安全有着深远的影响。

69

剧变的世界

没有硝烟的"战争"

世界大战结束后，美国和苏联两个世界级强国及其同盟国出现了分歧。以美国为首的"北大西洋公约组织"与以苏联为首的"华沙条约组织"，在经济、科技、军事等领域开展竞争，但都避免发动大规模战争。

人们称这一时期为"冷战期"。

英国首相丘吉尔发表了富尔顿演说（铁幕演说），拉开了冷战的序幕。冷战对峙主要表现在欧洲。

一分为二的柏林

战败的德国的大部分地区（包括首都柏林），被美国、苏联、法国、英国四个战胜国瓜分。由美国、英国、法国掌控的德国地区，成立了"联邦德国"，称为"西德"，随后不久，苏联掌控的地区成立了"民主德国"，称为"东德"。柏林也随之分成了东西两部分。

民主德国在东西柏林间的分界线上建起了一堵高墙，防止居民迁往联邦德国。这道墙被称为"柏林墙"。

1989 年的一天，分隔东德和西德的柏林墙被推倒了。次年，分离了几十年的东德和西德也合二为一，重新成了统一的国家。

"人口爆炸" 20 世纪，世界人口急速增长，到 1999 年时，已有约 60 亿人共同生活在地球上。

随着社会变化，城市也变多了、变大了，甚至出现了"超级城市"。

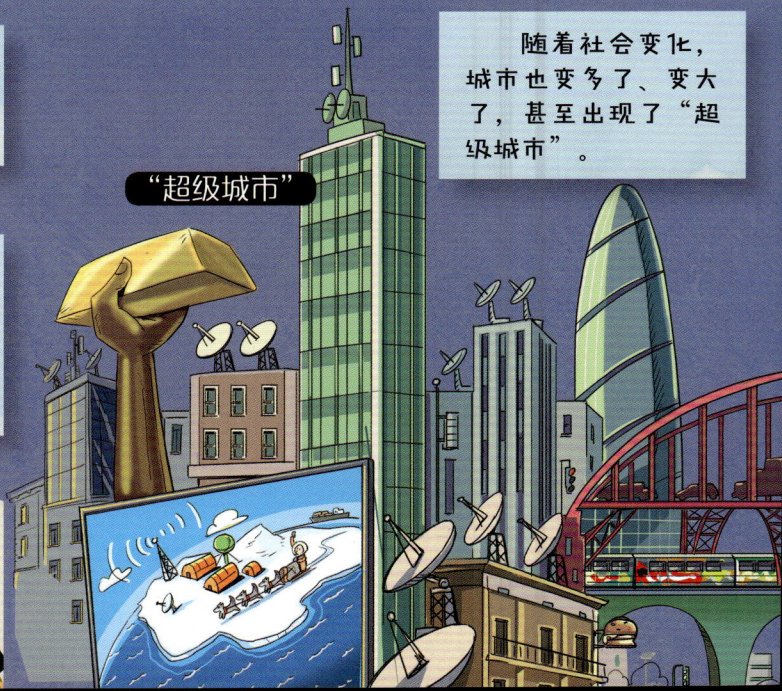

"超级城市"

英语在世界多个国家中已有一定的影响力，是当时影响力较大的国际通用语言之一。

国际通用语言

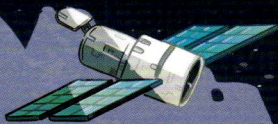

太空争霸

　　美国和苏联不只是在"地上"较劲，他们在"天上"也没闲着。没过多久，美国和苏联开始向太空中陆续发射人造卫星、载人航天器、空间探测器等多种航天器。

　　苏联率先将世界上第一颗人造卫星发射上天，当时，全球各地的人都可以用收音机收听到它从太空发出的"滴滴滴"的信号声。

　　苏联宇航员加加林成为第一个进入太空的人。人类飞向太空的梦想终于实现。

> 我的一小步，人类的一大步。

　　美国宇航员阿姆斯特朗乘坐"阿波罗11号"飞船进入太空，并成功登上月球。

苏联解体

> 　　苏联在1991年解体，冷战成了过去式。

反恐怖活动

> 　　第二次世界大战结束后，一些"恐怖分子"出于某种目的，有组织、有计划地使用暴力去对抗普通公民，伤害无辜的人。对于全世界人民而言，反恐怖活动将是一项长期、艰苦和复杂的斗争，需要人们团结起来，共同战斗。

我们"独立"啦

　　许多被殖民的国家陆续脱离强大帝国的控制，宣布独立。

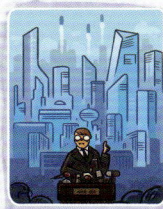

　　1960年非洲有17国先后独立，史称"非洲独立年"。

　　尼赫鲁是不结盟运动和万隆会议的倡导者之一，一直致力于争取印度的民族独立。

　　印度的甘地倡导"非暴力不合作"运动，被称为"圣雄"，尼赫鲁深受其思想的影响。

甘地　　尼赫鲁

"我有一个梦想"

　　这个时代的人，思想开始变得不一样起来。越来越多的人敢于说出自己的想法。

　　黑人民权运动领袖马丁·路德·金的著名演讲——《我有一个梦想》，被人们深深铭记。

> 　　1993年，很多欧洲国家融合成为"欧洲联盟"（简称欧盟）。

"欧盟成立"

我们的现在与未来

历史在人类不断前行的脚步里孕育而生，人类无法回头改变历史，但可以掌握现在与未来。

科技爆炸啦

第二次世界大战推动了科技发展，人们的思想被打开，一些只存在于科学幻想中的东西成了现实。

电视直播、转播等进入了人们的生活，电视信号传送得更远了。

飞机被大量投入航空运输业，使得"乘坐飞机出行""飞机运送货物"越来越普及。

崛起的城市

发达的通信技术、便利的交通，让更多的国家建立起规模庞大的都市。但与此同时，交通拥挤、资源紧缺等问题也在困扰着城市的进步。

能源革命来了

在机器的帮助下，人类的工作效率都得到了提高。人们大量开采这些能让机器"动起来"的能源。这不仅加速了能源的枯竭，也给环境造成了污染与破坏。人们需要开发新能源和提高能源利用率。

解读身体里的"密码"

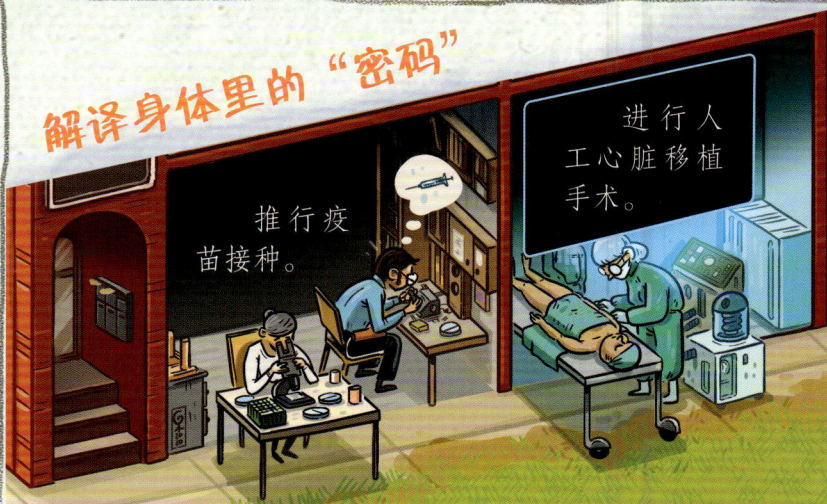

推行疫苗接种。

进行人工心脏移植手术。

人类和疾病的战斗从未停息过，到 20 世纪时，医生得到了科学技术的大力帮助。

在太空中安个"家"

人们对太空探索充满热情，并在太空中有了可以长期生活和做太空研究的地方。

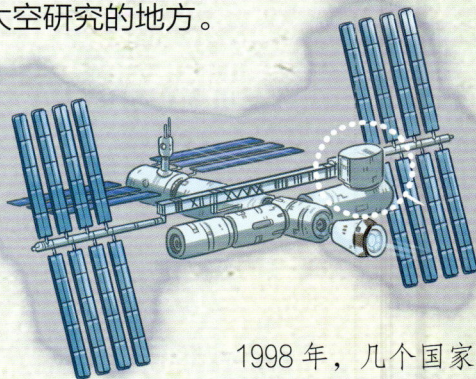

1998 年，几个国家开始联合建立第一个国际空间站。

被污染的地球

人们发现，短短几十年里，工业发展把人类带入了一个被毒化的世界。

废弃物源源不断地排放，污染河流等自然环境。

汽车排放出的大量尾气形成了光化学烟雾，导致一些居民患上了眼病。

探索大海的秘密

人类不仅在太空中留下了足迹，在神秘的海底世界也开展了各种探险活动。

1960年，人类乘坐"的里雅斯特"号潜水器创下潜入马里亚纳海沟10916米深的记录。

1954年，美国建造了第一艘核动力潜艇，取名"鹦鹉螺"号。它完成了震惊世界的历史性航行。

人们利用潮汐来发电。

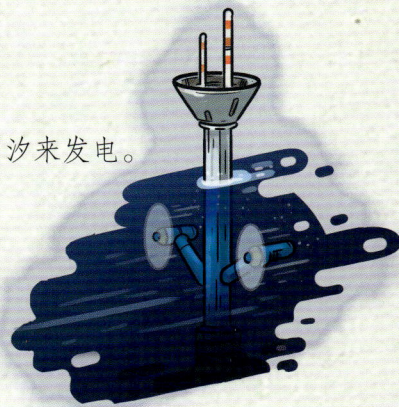

覆盖世界的大网

20世纪，世界上第一台电子计算机问世。

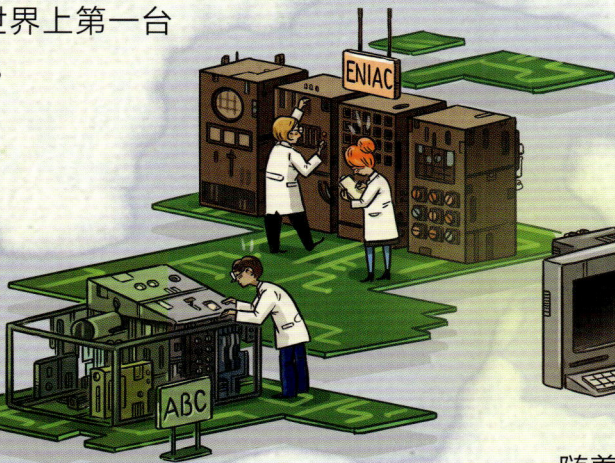

紧接着，蒂姆·伯纳斯·李发明了万维网，也就是我们常说的"网页"。它的出现，让生活在不同地方的人可以轻松地从网上获取信息。

早期计算机的主要用途是完成复杂的算术运算、信息储存等。

随着微型计算机的出现，计算机进入了人们的生活，"网上冲浪"曾是这个新时代的重要名词之一。

敲开人工智能的大门

在第一台计算机研制成功后，人们开始探究如何让计算机处理更复杂的信息。1956年，美国计算机科学家麦卡锡提出了"人工智能"一词。由此，人工智能的研究正式诞生。

工业排放的烟雾危害着人们的健康。

一些人开始呼吁使用清洁能源。开发新能源和可再生能源成了能源开发利用的潮流。

保护我们的世界

很多人意识到在发展科技的同时，人类也应该保护好环境。

一部分科学家开始呼吁人们保护地球的特殊一角——南极洲，并签订了《南极条约》。

73

作者简介

王大庆，历史学博士，中国人民大学历史学院教授，博士生导师。现任历史系主任、世界古代中世纪史教研室主任，开设过"世界文明史""世界上古史""古希腊历史与文化""古埃及历史与文化"等课程，主持或参与多项国家级、省部级科研项目。

文图统筹：韩　蕾
美术统筹：纪彤彤
装帧设计：罗　雷　何　琳